中华先烈人物故事汇

主编 张海鹏
副主编 赵兴胜
编著 高明

学习出版社

目　录

Contents

引 子

羊城落第得良言
病卧大梦与神见
不拜孔子拜上帝
桂省传教起金田

各自相安享太平
天国斩妖北上行
永安建制各封王
定都金陵改天京

西征湘鄂才解围
东王被杀诏翼回
少年陈李初登场
翼王向西不东归

二成转战东西忙
安庆上海和武昌
湘军淮军联英美
天京失陷洪氏亡

对峙清廷十四年
空留田纲与新篇
富贵贫苦天与地
著书立传饭后闲

鸦片战争的硝烟还未散尽，大清帝国的铁杆儿庄稼们还在天朝上国的梦境中，或多或少地讨论着那停靠在长江口和珠江口的西人战船是铁打的。有着长长的历史影子的中国王朝社会，在王公大臣、地主乡绅、部族首领与芸芸民众之外，又加入了西方殖民者的新角色。殊不知，这对1840年以降的中国历史产生了重要影响，传统王朝由此发生了缓慢而深远的变化。只不过，在本书的故事中，列强与朝廷只是配角，草根英雄才是主角。

中国的农民战争是兴衰更替的王朝历史不可

或缺的内容，也一度成为新中国成立以来历史学界研究讨论的热点之一。“且壮士不死则已，死即举大名耳，王侯将相宁有种乎？”在传统中国漫长的历史进程中，那些肇始于村野乡间的民众起义，与明君治世、宗法礼制并存，构成了一幅此起彼伏、层峦叠嶂的长卷。从秦朝末年的陈胜、吴广，到隋末唐初的瓦岗寨，再到宋朝水泊梁山，其中的英雄好汉与忠义故事以说书唱戏、小说文字或口口相传的形式流传在广大民众的文学审美中。直到今天，这些体现着传统意识和价值观的故事，仍有它留存与传播的价值所在。

本书要讲的太平天国战争及其中的各种人物，同样是中国历代农民战争的缩影。但在此之外，它又构成了中国人在跨进近代历史大门之后的抗争、痛苦、思索和徘徊的浮世绘。在这其中，太平天国军中的陈玉成，值得大家来了解和关注。

英雄少年

陈玉成，原名陈丕成，洪秀全赐名玉成，广西藤县新旺村人，祖籍广东翁源县。清道光十七年（1837 年），陈玉成出生在一个贫苦的农民家庭，早年失去双亲。陈玉成的早年生活，并没有更多的历史记载。都说“穷人的孩子早当家”。可以想象的是，陈玉成在如临深渊的环境中长大，底层的乡村生活使他有着不同寻常的少年时光。太平天国军中的后起之秀，让清廷军队上下闻风丧胆的“三十检点回马枪”，农民起义的年轻军事将领陈玉成的故事由此讲起。

后来在太平天国起义军中被称作“洪先生”的洪秀全出生于广东花县一个耕读世家，自小一面读书，一面在乡间劳作。在县里考试一向成绩不错的洪秀全，每次到广州参加府试都未能榜上题名。

于是洪秀全开始在乡村教私塾，这也许就是“洪先生”称呼的由来。然而，洪秀全到 25 岁时还没有逾越广州府试的门槛，由此回家生了一场大病。

广州街头布道的基督徒梁发曾经给洪秀全一本《劝世良言》。这本书是基督新教派最早的中文布道书，由英国传教士马礼逊修改校订在广州付印刊行。书中多半集《圣经》章节而成，余则结合中国人情风俗，借用某些儒家言论，阐发基督新教基本教义。洪秀全在《劝世良言》的启发下，在屡试不中的现实面前，不再跪拜孔子，而选择信奉上帝。在没有读过《圣经》的情况下，洪秀全凭借自己对《劝世良言》的理解，开始向周围的人宣称自己是上帝的二儿子。由此，洪秀全创立了“拜上帝教”，与好友冯云山一起开始了拯救世间穷苦的布道生涯。

然而“拜上帝教”在广东的活动并不顺利，更为贫瘠凶险的广西就成了他们发展教众的广阔空间。在此期间洪秀全没有完全放弃考取功名的念头，但最终仍未果。广州的教会也并未接受洪秀全的受洗请求。于是，洪秀全放弃了广州的生活回到广西继续壮大自己的组织，并吸收了杨秀清、萧朝贵和韦昌辉等日后成为太平天国重要领导人的加入。

不断壮大的教会组织和声势逐渐遭到了当地官府的抵制。双方矛盾愈演愈烈，最终到了不可调和的地步。结果，1851 年 1 月，洪秀全领导有组织、有武装的教众在广西省桂平县发动了金田起义。此时，陈玉成年届 14 岁，跟随叔父陈成荣参加武装活动，编入童子队中。陈成荣后来改名陈德才，被天王洪秀全封为“扶王”。值得称道的是，太平天国军队中的童子军被誉为最勇敢无畏的士兵，陈玉成是他们当中最英勇的一员。

1852 年 4 月，太平军从广西永安州突围。此前，清廷钦差大臣赛尚阿亲赴广西前线挂帅。广西提督向荣与广州副都统乌兰泰从北南两路大举进攻太平军所据的永安城，并切断了向此补给的粮道。于是，洪秀全在城中无粮的情况下命令突围。将领罗大纲率兵 2000 人在东北方向击破了清军的封锁，并得火药 10 余担。这支从水路突出重围的部队为太平军主力的突围打开了通道。随后，两万多太平军趁夜色分批向州城东撤离去。此日上午，等清援军赶到的时候，太平军主力已然突围出去，并留下后卫部队与清军激战至傍晚。

乌兰泰率部队抢占龙寮岭高地，进犯平冲，夹攻秦日纲部。此役中，太平军战死 2000 余人。此时，洪秀全等人业已抵达昭平。听闻战况，太平军首领立即命令部队主力占据平冲、旱冲、崩冲两侧山梁及前后隘口冲渠，准备设伏以消灭清军。当向荣、乌兰泰等率领军队在清晨进入三冲峡谷时，两侧伏兵左右夹攻，并截断其退路，清军大败。这一役，清军被歼灭 4000 余人。其中，天津镇总兵长瑞、闵州镇总兵长寿、河北镇总兵董光甲、郧阳镇总兵邵鹤龄等毙命，乌兰泰受伤。太平军乘胜由小路直取桂林。

太平军于 5 月 19 日撤桂林之围北上，6 月 3 日攻克全州。随后，太平军分水陆两线继续北进，并与清军江忠源部大战于广西全州蓑衣渡。蓑衣渡在全州城北 10 余里，临近湖南，重峦叠嶂，有山坳可通。太平军舟师至此，遭突然袭击，不能前进，与清军交战中损失惨重。战斗中，洪秀全弃舟登陆。冯云山在攻全州时中炮受伤，终因恶化不幸牺牲。太平军的损失不止如此，很多将士伤亡惨重，部队辎重也有损失。

太平军被迫改变了水旱两路直取长沙的计划，选择从陆路进袭永州，后向南折攻占道州，据以进行休整、扩充，又相继攻占附近江华、永明等县。8月12日，太平军攻克湘南重镇郴州，此时有5万余人加入部队，其中包括许多久经沙场的天地会会众，也有不少道州、郴州一带的挖煤工人。由他们组成的“土营”在以后一系列的攻坚战中发挥了很大作用。

事实上，在道州休整期间，太平军领导层曾就之后的战略问题进行过一番争论。在“怀土重迁”的情绪下，部队中有主张取道灌阳返回广西的。高层方面，天王洪秀全有入粤之意，但遭到东王杨秀清的反对，“已骑虎背，岂容复有顾恋？”从当时的现实出发，太平天国的起义军只能继续向北进入鄂省，然后再东向攻打南京并据为根本，进而夺取天下。洪秀全接受了杨秀清的军事路线，确定了太平军继续挥师北上的战略方针。

太平军在进入湖南南部以后，向世人发布了《奉天讨胡檄布四方谕》《奉天诛妖救世安民谕》《救一切天生天养谕》3篇文告，对清王朝统治下的社会现实进行彻底的批判。文告的发布，表明太平天国在宣传方面已突破了单纯的宗教形式和内容，直接向清廷统治提出近乎全面的挑战。太平天国的事迹和思想，通过这几篇文告得到了迅速而广泛的传播，武昌城内外尤甚。

1852年12月底，太平天国军队大举进攻湖北武昌。既定的作战计划采用地道工程战术——地道地雷。战术规定地雷爆炸时要由最勇敢的人首先抢占缺口，遂选定以陈玉成为首的这一众童子兵50多人担当这个重大的任务。童子军欢欣鼓舞，接受了任务。战斗中，地雷导火索火光一闪，立刻爆发出巨大的响声，震得地动山摇。被炸开的文昌门砖石在冲天的烟雾里四处横飞。那巨大的响声就像一声号令，陈玉成随后率领战友们一跃而起开始了进攻，冒着乱石冲进火焰里，扑向守城的清兵并占领了缺口。随后，进攻武昌的太平天国大军如潮水般涌来，攻克了武昌城。

在这次太平军攻克武昌的战斗中，陈玉成等 50 多名童子兵立下了头功。随着太平天国武装起义的不断胜利进军，这场反对清廷官府的农民战争，通过大大小小的对战和冲杀，已经把陈玉成锻造成为一个英勇杰出的少年英雄，并昭示着这位少年英雄在未来的天国军队中有着光明远大的前景。天王洪秀全在陈玉成再次攻克武昌城后，称赞道“真是英雄出少年！”

再战湖北

如杨秀清的战略计划一般，1853 年 3 月 19 日太平军继攻克武昌之后，又攻克了南京城并定都于此，改称“天京”。然而，武昌城在太平军主力离开之后，并没有得以保留而回到了清廷政府军队的手中。这也为太平天国在占据南京之后，挥师西进，再次征讨湖北埋下了伏笔。

在这期间，陈玉成被任命为“左四军正典圣粮”，职位相当于将军，主管军中粮草。但他不愿做后勤工作，请求出战立功。东王杨秀清很想嘉奖他，只因陈年龄尚小，便没有允许他的请求。东王赏罚分明，使得有功者知道奋进，有罪者自惭形秽，从而激发了太平军上下的上进心和责任心，加强了纪律的严肃感。1854 年 2 月，陈玉成领命随天朝大军进攻湖南。这时，国宗提督军务石凤魁统领军队正在进攻武昌。显然，陈玉成志在夺回武昌城。所以，他到达前线后就请求在石凤魁的军中效力。

当时，太平军围攻武昌已经有几个月，但清廷湖北巡抚青麟死守不降，武昌攻守之间已成为僵局。当时的情况是，武昌城池十分坚固，太平军虽有之前埋雷爆破而入的战绩，但今非昔比。面对此局，前线统帅石凤魁唯恐多次强攻下会有大量的兵力折损，所以没有贸然强行攻城。在石凤魁举棋不定之际，陈玉成感叹这一军事选择的踟蹰，并认为要准确而果断地找到攻城的办法。

陈玉成得知武昌城东守备空虚，便对统帅石凤魁说明正面进攻有困难的情况下，夜袭清军部队是可供参考的战术选择。于是，陈玉成带领500名壮士偷偷地从武昌县入梁子湖，绕到武昌城东面。这一小队士兵在陈玉成的带领下隐秘地顺城墙而上，在城头插遍太平天国黄旗后齐声大呼“天兵登城了！”一时间，清军兵将大惊失色，慌乱间四散逃窜。陈玉成率领登城壮士追击溃逃的敌人，最终为主力军队攻克武昌城打破了僵局，再次立下头功。

攻占武昌的捷报很快传到了天京。天王洪秀全赞叹道：“真是英雄出少年！”随后，陈玉成被提拔为殿右三十检点，受命统领天国陆军后13军及水师前4军。陈玉成向燕王秦日纲禀报说，他能克复武昌城，只是一点微薄的功劳，然而就得到了这样的提拔。他将感恩图报，将来作战更加奋不顾身。

作为太平军的将领，陈玉成在军事指挥中讲求战术。他善于让精明强悍的部队在战斗过程中先佯装败退，然后在便于隐蔽、埋伏的地形中伺机反击。面对这种灵活多变、虚实相生的战术，清廷的军队经常在彷徨之中遭到沉重的打击，最终溃败。所以，陈玉成在太平天国的西征战场上所向披靡，最终留下了“三十检点回马枪”的美誉。

与陈玉成个人的积极成长不相映衬的是，“三十检点回马枪”的节节胜利并不能扭转太平天国西征战事的失败。1854年4月，陈玉成部自湖北云梦攻占应城，守城近两月后被迫退出。9月底，燕王秦日纲奉东王杨秀清命令在江西九江附近

巡查河道，准备西援湖北，殿右三十检点陈玉成禀申，报告蕲州战事不利，秦日纲命令其严加防范。

11 月底，曾国藩督军自湖北金口，沿长江三路齐下，湘军水陆知府罗泽南，合蕲州军知州李光荣、知县李续宾，教谕唐训方共 4000 人攻击东岸花园，三道同进，焚毁太平军战船百余号，又纵火烧毁其营垒。蕲州军副都统魁玉、总兵杨昌泗攻击西岸太平军，纵火焚烧并破鹦鹉洲。水师道员李孟群、游击杨载福、守备萧捷三从大江中路冲击，使两岸太平军不能相顾，驶过盐关，直接抵达鹦鹉洲，接连攻破汉关、白沙洲、金沙洲，进攻鲇鱼套口，先后烧太平军战船 300 余艘，收拢部队于泊沌口，三路斩获千余，提督塔齐布则自油坊进攻洪山。陈玉成报告燕王秦日纲，谓统带后 13 军并水营前 4 军与曾国藩水师和塔齐布等人的部队苦战而不能取胜，只得弃船后退，退守蕲州、黄州间。

湘军水师参将杨载福、同知彭玉麟等与三十检点陈玉成战于湖北蕲州，将之打败，烧毁其船只 10 余号。湘军水师同治彭玉麟、都司萧捷三与检点陈玉成战于湖北蕲州，哨官萧世祥阵亡，毁太平军船20余号。湘军水师参将杨载福，同知彭玉麟等督战船分队进攻，哨官守备孙昌国、刘国斌等先以大斧断半壁山拦江铁锁。太平军船只被迫东走。杨载福督战守备刘培元、陈成谋等追至武穴，纵火焚烧。陆师提督塔齐布，道员罗泽南在南岸助攻，追至富池口，共烧船4000余号，百里内外，火光冲天。殿右三十检点陈玉成、殿左三十检点曾凤传大败湘军都司杨明声、教谕唐训方于蕲州。

1855年2月，燕王秦日纲、国宗韦志俊、检点陈玉成趁阴历除夕击破湖广总督杨霈军于湖北广济，斩其亲随将官李士林，杨霈败走蕲州。太平天国冬官丞相罗大纲自鄂东小池口遣军三千向西进发，接应燕王秦日纲等。燕王秦日纲、检点陈玉成等占领湖北蕲州，湖广总督继续败走黄州。燕王秦日纲、夏官兼副丞相曾锦谦、检点陈玉成占领黄州府，杨霈此时已经退至汉口。

燕王秦日纲、夏官兼副丞相曾锦谦、检点陈玉成占领汉阳，湖广总督杨霈继续败走德安府。此时，曾国藩水师战船在九江外因大风撞沉22艘，撞坏21艘，其余亦均有损毁。曾国藩恐再被袭击，命令其中较好之70余艘由知府彭玉麟率领立即开往武汉休整，九江江面再无水师。

4月3日，燕王秦日纲、国宗韦志俊、检点陈玉成等再战武昌。湖北巡抚陶恩培、知府多山、游击陶德寿等人在此役中战死，驻扎在鲇鱼套的彭玉麟水师被焚毁。副将王国才率援师至。突入城内，亦被击退。5日，钦差大臣向荣派遣总兵德安，与已革提督之职的余万清、总兵虎嵩林等攻破镇江高资太平军营垒，夺获小艇百余艘。此时，太平军陈玉成部队占领德安，并于4月6日与清廷军队再战湖北云梦泽一带。

4月12日，道员罗泽南等克复江西广信府。太平军走占玉山。江西都司吴锡光克复饶州府。你来我往，陈玉成部队再占德安府。28日，曾国藩自江西吴城镇移驻南康府，派前队战船进泊青山。在德安府驻扎的太平军攻应山长林冈，总兵杨昌泗败退马平港。30日，陈玉成所部自应山攻随州，败西安副都统常亮、总兵讷钦于望城冈，常亮退兵至五里屯。其间，又有太平军部队围攻江西义宁州。湘军道员罗泽南赴江西德兴，太平军范汝杰折回皖南。

6月13日，陈玉成部放弃随州走德安府。原提督孔广顺、知州严树森随即收复随州。南阳镇总兵邱连恩克复湖南息县，逼迫太平军东走攻光州，占领光山。第二天，曾国藩奏参，江西巡抚之职走马换将，以文俊代替陈启迈，江西按察使恽光宸亦遭撤任。德安府的太平军回占随州。湖北军千总邢兴耒、把总周春和等600人投入战斗。

6月17日，湖北巡抚胡林翼自金口渡江攻打汉阳的太平军。钦差大臣西凌阿受到陈玉成所部的压迫而退兵随州。道员罗泽南率军自南昌到义宁州梁口。总兵郑魁士等破庐州南门外太平军的营垒。9月13日，驻扎在德安府的太平军陈玉成所部合黄州、应城船只分援汉阳，轰击湖北巡抚胡林翼营帐，伤毙其左右数人。

10月，太平军失守武昌城，然后退居蕲州。不久西征部队全部退出了湖北。可以说，陈玉成的年少成名和骁勇善战，始终与太平天国军事上的反复与挣扎并存。这种战事进程中的“二律背反”让人唏嘘不已。这一年秋天，清兵从湖南岳州来犯。

太平军在长江上游的战事中一场接着一场失利。在这一过程中，陈玉成跟敌人在汉阳、蕲州、广济、黄梅等地一路苦战，且战且退到九江。不可否认的是，尽管一路败走，但陈玉成全力抵挡住了敌人的攻势，给援军的集结争取了一定时间，为之后的军事反攻争取了可能。

1856 年年初，陈玉成的部队在九江打垮曾国藩所部，太平天国水师乘胜追击。在克复武汉后，陈玉成奉命向武汉北部进军。1 月 29 日，燕王秦日纲率冬官正丞相陈玉成、地官副丞相李秀成、春官正丞相涂镇兴、夏官副丞相陈仕章、夏官兼丞相周胜坤及捻军首领李昭寿自天京东进至栖霞、石埠桥、龙潭，支援镇江。清军提督余万清、总兵德安、副将秦如虎自东路堵击，总兵张国梁自西路进攻，均不得手。随后，提督余万清、总兵德安、虎嵩林、副将秦如虎、秦应龙，游击李定太、杨瑞乾，都司张玉良一众人马连日与支援镇江的燕王秦日纲、陈玉成、李秀成等短兵相接，自东阳至龙潭下蜀连营 30 余里。清军严密地堵住了太平军的去路，两军相持日久。

燕王秦日纲率陈玉成、李秀成、周胜坤等与清廷派来支援镇江的钦差大臣向荣部下张国梁在句容仓头镇交战。太平军在扬州土桥大败钦差大臣江宁将军托明阿、帮办军务前直隶提督陈金绶、副都统德兴阿、总兵松龄等人所部，然后接连攻破虹桥、朴树湾、费家桥、桂花庄。太平军沿途焚烧营盘，清兵闻风而逃，溃败大半。托明阿等一票人马退居三汊河。3 月 24 日，翼王石达开带领从广东集结来的两三万人攻占江西万年，并向乐平进军，企图回救天京，留卫天侯翼贵丈、黄玉昆代管江西务军。

4 月 5 日，燕王秦日纲、陈玉成、李秀成一干人马占领了扬州府，府衙中的主要官员被擒或被杀。钦差大臣托明阿退扬州西南蒋王庙。14 日，留守镇江仓头的周胜坤部队被巡抚吉尔杭阿、总兵张国良所部打败，燕王秦日纲、陈玉成、李秀成一系部队归路被绝，只得从扬州西进。国宗杨侍宗、尚书雷天祐，自天京占领江浦，计划汇集部队渡江回师天京。湖北巡抚胡林翼、道员李续宾督、同知堂训方等带兵攻破武昌保安门外太平军新筑的营垒

3座，伤亡200余人，外委陈远清、唐训得、曾玉兰等将领先后阵亡，周得魁重伤。16日，秦、陈、李领衔的太平军前队占领浦口。清总兵吴庆退走六合，陈玉成随后追击。见此情形，钦差大臣向荣派遣总兵张国梁渡江来增援。28日，燕王秦日纲领衔的一众部队自江浦折回扬州，打败总兵李志和，占领仪征。

5月27日，燕王秦日纲所部自瓜州渡过金山，攻打黄泥洲。两日后，太平军猛攻高资知府刘存厚营，打死知县松寿、盐知事张翊国，江苏巡抚吉尔杭阿自九华山带兵来援救。另一方面，江西临江府太平军支援抚州，城内均出城接应，为同知李元度等所指挥的部队打败。

6月1日，燕王秦日纲所部大破帮办江南军务江苏巡抚吉尔杭阿军于镇江高姿，围攻烟墩山营盘，吉尔杭阿阵亡。3日，燕王秦日纲带领军队继续攻破镇江九华山的清军营盘70余座，总兵虎嵩林败走丹阳。13日，燕王的部队舍弃镇江小茅山、九华山、烟墩山、黄泥洲的各处营垒，经下蜀、高资、东阳、石埠桥、甘家巷，入江宁观音门。途中，向荣派游击张玉良在付家桥截击太平军，生擒将领谢白凤。14 日，秦日纲、李秀成、陈玉成等自镇江西回天京，屯营燕子矶观音门。东王杨秀清对回京部队下令攻破孝陵卫江南大营，才批准燕王的部队入城。在西线，太平军检点古隆贤等率众6000 人自九江、兴国一带，支援武昌。胡林翼派遣唐训方、蒋益丰、李旭涛等迎战，在武昌茶棚吃了败仗。

17 日，燕王所部及捻军李昭寿奉东王杨秀清严令进攻天京城外孝陵卫清军大本营，一日内战事即从燕子矶推移到姚坊门。驻守天京的太平军出兵两路，一队越过龙脖子，另一队自神策、太平各门出城，占据大小水关及冯家边一带筑垒，与回师不久的秦日纲军队相互呼应。钦差大臣向荣遣副将王浚统兵 2000 余人，赴仙鹤门驻防阻击。20 日，翼王石达开督军张遂谋、曾锦谦，燕王秦日纲督军陈玉成、李秀成、涂镇兴、陈仕章，以及捻军李昭寿猛攻天京城东青马群紫金山清军大营。清军总兵张国梁、西安将军福兴、副都统德嵩额督马步军分头抵御。

东王杨秀清派遣军队出天京南门通济门，直扑七桥瓮。钦差大臣向荣亲自前往应战。午后，另一支军队自灵谷寺后翻山而来，攻破满洲马队营盘，纵火焚烧，同时洪武朝阳等太平军亦分路出击，接连攻陷敌营 20 余个，进破孝陵卫中军大营。清军溃散，参将陈明志、游击扎拉芬、都司李发荣、李振甲、刘秀珠、佐领凌保等阵亡。向荣、福兴、彭玉雯、张国梁等一众人马于夜间败走淳化镇。太平军未即追击，天京解围。

6 月 21 日，钦差大臣向荣、总兵张国梁等取道句容，退往丹阳。清军总兵德安冲破南京仙鹤门的重重围堵，副将巴图等战死，江南大营全盘崩溃。秦日纲、李秀成、陈玉成一等人马奉东王杨秀清命令追击向荣。27 日，燕王秦日纲、陈玉成，李秀成等追击败军，进而占领江苏句容。在这次大战中，陈玉成所部在随州打败清廷西安将军扎拉芬军队，扎拉芬重伤而亡。

7 月 3 日，燕王秦日纲率领陈玉成、李秀成等自江苏句容经白兔镇进至丹阳五里铺。钦差大臣向荣命总兵张国梁督游击虎坤元、李鸿勋和都司冯子材、刘季三、戴文英，守备李日升、副将王俊、参将张腾蛟等兵分 3 路，拼力打退太平军的进攻。秦日纲部队退兵全州铺。

陈部在湖北应山大败清军固原提督孔广顺、署湖北提督讷钦等，击破清廷军营 40 座。接着，陈又带兵围攻庐州，后至芜湖解围。鉴于陈玉成作战英勇、所向披靡，太平天国的领导层见哪里敌人势力强大，就将他派到哪里给对方迎头痛击。如此，陈玉成俨然成为太平军中能打硬仗且战之必胜的军事骨干。

8 月 22 日，罗大纲在围攻金坛等地时中流弹而死。此时，天京政权出现内讧。9 月 4 日，李秀成、陈玉成、涂镇兴和陈仕章，以及捻军首领李昭寿，在清廷总兵张国梁之压迫之下，放弃了对江苏金坛的围攻，转战到离句容 25 里远的丁角村。9 月 5 日，翼王石达开自武昌鲁家港移营后退，同日启程返回天京。道员李续宾督游击张荣贵，护军参领舒保等乘机进击，太平军队伍大乱，纷纷下走葛店华容。李军平其大垒 13 座，斩杀数百名兵士。

11月之中，清军主力对天京的威胁愈演愈烈。20日，陈玉成与清军提督邓绍良、副将周天受所部大战于皖南宁国府夏家渡，战果不利。翼王石达开自泾县来援救。28日，清军提督邓绍良及其副将萧知音、知府仲孙懋等在宁国府夏家渡、围山、七里冈等地打退陈玉成和翼王石达开的部队，摧毁营垒16座。

自从太平天国的大将罗大纲战死，东王杨秀清就特地提升陈玉成补罗大纲的官缺。由此，天国上下都公认这个少年英雄陈将军已经和那威震清军阵营的罗大纲齐名了，又是一位不可多得的军事人才。花开两朵，各表一枝。作为在陈玉成之前被太平天国上下视为“战神”一样的人物，罗大纲也是值得我们深入了解的。

罗大纲，初名亚旺，广东揭阳人。传说此人虎目虬髯，体貌魁梧，壮年游侠于江湖，加入天地会。1840年鸦片战争爆发，罗大纲与天地会其他豪侠义士参加平英团，一起抗击英国侵略军。然而，清廷最终签订了江宁条约，广州水路撤防。在目睹了朝廷在政治上的丧权辱国和军事上的腐朽无力之后，罗大纲等怀揣着心中的愤恨纷纷进入广西。有的在南宁府、太平府边境，有的在梧江、浔江面上，一时武装斗争在桂省四起，罗大纲领导了其中的一支武装。1847 年，罗大纲与胡友福等攻破广西阳朔县城。

洪秀全一支在金田起事之后，罗大纲率所部前来投奔，被授予左二军军帅。自此罗大纲在太平天国的军中开始了新的戎马生涯，并立下赫赫战功，多次成为太平天国镇守要冲所依赖的军队首领。1854 年 2 月，罗大纲所部从外围调回天京，并奉命经略安徽和州、庐州两地。3 月，罗大纲代替秦日纲驻守安庆，遣兵攻取建德、东流等处。半年后，罗大纲所部从建德入江西，攻克饶州府。罗大纲的军队纪律严明，饶州民众箪食壶浆，供应军队。

此时，天国军队遭遇田家镇大败。战报传来，罗大纲星夜驰援，扼守湖口，竭力抵御敌军。罗大纲领导的部队与石达开所部合兵一处，在九江大破曾国藩湘军，并乘胜三克武昌城。战后，罗大纲奉命镇守九江、湖口，并经略饶州。次年五六月间，太平军所占据的休宁、太平和芜湖三地失守，一时间天京岌岌可危。危难之际，罗大纲带兵回救，最后在芜湖太平战死。其最后战斗经过，因直接记载不详，各方史料众说纷纭，莫衷一是。

历数太平天国的军事斗争，罗大纲的战功并不输于任何一位太平天国的元老级人物。后期领导者洪仁玕在用兵和军事策略上，也都一再将他推崇，甚至将之与冯云山、萧朝贵等人相提并论。由此，年轻的陈玉成在当时能与罗大纲比肩，“三十检点回马枪”在太平军中的功绩和地位可见一斑。

朝中大将

1856年1月29日，陈玉成奉命随燕王秦日纲去解救镇江之围。此时，镇江被清廷江苏巡抚吉尔杭阿军队围困，内外隔绝不通，十分危急。秦日纲集结各将领开会，讨论派人冲过敌军在长江上的封锁的作战计划，并要求与镇江城中进行通信，约定合适的时机里应外合进行夹攻。秦日纲问谁敢去执行这个联络计划时，陈玉成挺起胸来请缨。

于是，他带几个战士乘坐一条小船直向镇江冲去。此时，长江上清军的炮台星罗棋布，立刻从四面八方来截击陈玉成，喊杀声震天响。清军把陈玉成的小船围在了江心。陈玉成鼓舞战士说：“清妖只是泥塑纸扎的，谁敢挡我的就死。兄弟们，奋死向前冲吧！”于是，他们在枪林弹雨之中，一边战斗，一边向前直冲，终于突破敌船的重重封锁。

陈玉成小队打退了敌人的四面截击，在镇江守军胜利的欢呼中进入城内。而清军只得百般无奈地目睹此景。

进城后，陈玉成与守将吴如孝合兵一处，把清军打败，解了镇江之围。东王杨秀清听闻战况，称赞说："陈玉成一身都是胆，当年赵子龙也比不上他。"太平军随后的战斗势如破竹。3 月，太平军攻克扬州，5 月回师天京。此番战斗，太平军把清廷江南大营打破。陈玉成率领军队追击直抵江苏丹阳。

天京事变后，陈玉成是太平天国朝野当中英勇第一的大将。所以，天王身边的朝臣都推选他出来担当国事。天王洪秀全又把他提拔为正掌率，封成天豫，与正掌率大臣赞天燕蒙德恩、副掌率合天侯李秀成共同领导。其中，他与李秀成专门负责太平天国军事方面的事务。

1857 年 1 月 1 日，豫天侯陈玉成与地官副丞相李秀成，在皖北安庆府枞阳县商定战略，以清军提督秦定三对面防备甚严，决定出奇兵制胜。李秀成仍回桐城，陈玉成则由枞阳东下。11 日，陈玉成自枞阳东下战无为州，打败知州叶藩，攻下汤头镇及运漕，与自天京西来之逊天侯陈仕章合兵之后，攻占巢县，大败清军总兵札隆武于东关。31日，豫天侯陈玉成、逊天侯陈仕章自安徽巢县折而西进，占领庐江，打败副将鲍云翥，斩都司彭万镒、守备洪钟。太平军在节节胜利中并未停歇，只留军把守，便立即引兵上滓河攻大关，并在包围桐城之后，继续谋划切断清军的粮道。

2月7日，陈玉成与李秀成合兵，在安徽桐城围攻福建提督秦定三、寿春镇总兵郑魁士的军营。12日，陈玉成攻占安徽桐城、孔城，切断总兵郑魁士的补给渠道。此时，鄂北太平军及土寇大破湖北的清军于宜昌府，斩杀候选直隶州知州李光荣。19日，陈玉成围攻安徽桐城曹胜勇营盘。第二天，陈玉成自安徽桐城、吕城三路进攻秦定三、郑魁士、副都统麟瑞。24日，陈玉成与李秀成合兵安庆援军，大破秦定三一众所部于桐城，后者各支分退六安、庐州。陈玉成、李秀成随即遣兵3路追击。

3月10日，陈玉成和李秀成占领安徽寿州迎河集。11日，陈李联合捻军占领安徽正阳关，贞天侯林启荣派遣军队出九江，合安庆援兵攻打李续宾。清军守备陈德华在作战中阵亡。21日，陈玉成攻打安徽寿州未果，撤兵南去，将军吴守刚、先锋杨得应、张振邦等战死。陈玉成所部占领安徽颍上，然后进军湖北。

5月1日，陈玉成军分5路，向湖北蕲水进发，大败清军于鸡鸣河。陈玉成督大军分道入湖北东部的黄梅、广济、蕲州、蕲水、罗田，破鄂军于蕲州张家塝，斩同知李景湖，守备张鹏高、杨高贵，千总何得升，把总胡得礼等。15日，陈玉成所部兵分3路进攻湖北广济，清军副都统多隆阿却之。陈玉成逼近湖北蕲州青石岭，清廷守军溃败而走。17日，陈部队与江宁军都兴阿及多隆阿、王国才战于湖北广济。结果，太平军战败，丧失营垒21座。

6月3日，陈玉成扑攻湖北黄梅提督孔广顺、总兵王国才各营、副都统多隆等部清军将之打退。11日，陈玉成与江宁将军都兴阿、副都统多隆阿、参将鲍超战于鄂东黄梅大河铺，兵走蕲州望天畈。

20日，陈玉成所部与湖北清军知府邢高魁等连战于鄂东蕲州望天畈，作战不利，太平军折损两员将领。25日，知府邢高魁等于蕲州黄石冈兵败陈玉成。7月18日，陈玉成率众数十万分道由鄂东、黄梅、广济、蕲州、蕲水西去，大破知府邢高魁、彭应鲤等部清军于蕲州望天畈，各军溃退巴河、黄州。22日，陈玉成由鄂东蕲州、广济分军扑攻黄梅十里铺，江宁将军都兴总兵王国才、参将鲍超合力将之打退。

8月15日，陈玉成自鄂东黄梅、北山大河铺展开进攻广济十里铺，清军将领分率骑兵和步兵迎战。都司胡友亮率水军来战，将之打退，损毁太平军营垒3座，烧船百余号，击杀太平军兵士千余人。20日，陈玉成继续进攻鄂东的黄梅、巴河。9月11日，陈玉成得到安徽援兵，3路反攻湖北蕲水。清军方面，胡林翼督部将李续宜、舒保、唐方训与太平军作战。清军何邵彩部攻破太平军阵营，击杀数千。

因此，陈玉成的部队只得折回到安徽境内，几次攻势均告失败。10月2日，湘楚军杨载福、李续宾及都兴阿等水陆双双出兵，攻克湖北东部的小池口，陈玉成所部全部退入安徽，太平军在湖北境内的军事力量基本肃清。另一方面，清军胡林翼的部队进抵九江。尽管战事不利，但在10月间，天王洪秀全封豫天侯陈玉成为正掌率，合天侯李秀成为副掌率。

1858年1月底，陈玉成与国宗韦志俊退出安徽霍山，联合捻军北进，皖军知府袁怀忠、知县王自范收复县城。2月初，陈玉成、韦俊与清军副都统胜保战于三河尖。随后，陈玉成、韦俊与捻军韩狼子合力围攻河南固始。17日，陈玉成、韦志俊轰塌河南固始县城墙数丈，守军王廷兰及知县张曜节节抵抗。太平军屡次炸毁固始城墙，但因知县固守而未能攻克。直到3月初，陈玉成所部被固始知县张曜及其参将张德胜等击退。20日，太平军与清军都统胜保、安徽藩司李孟群继续作战，结果检点陈得彬、将军刘聚得被对方擒获。陈玉成、韦志俊一系太平军在3月间与清军僵持于固始县城而始终未能击破。

4月6日，密云副都统胜保、安徽布政使李孟群、总兵乐善，固始知县张曜解河南固始的围困，陈玉成、韦俊向南进入湖北，捻军韩狼子则东回安徽。22 日，陈玉成和韦志俊自河南商城分兵攻打湖北罗田的松子关、铜锣关，以及麻城之武斗坳、长林关。安徽布政使李孟群回六安州。24 日，陈玉成、韦俊的部队打败湖北军游击李曙堂与麻城闫家河，最终占领麻城。26 日，陈玉成等分军绕道，占领湖北黄安。

6 月 14 日，陈玉成、韦志俊以湖北黄安不守，即放弃麻城向东北撤退。湘军道员李续宾、副将鲍超追击败之。22 日，太平军自湖北麻城退集安徽霍山一带。7 月 4 日，太平军因安徽布政使李孟群军队的压力，又从安徽霍山转移到潜山太湖一带。8 月初，李秀成、黄文金和李世贤在安徽枞阳，会同陈玉成商议军事，合力解救逐步势危的天京。会后，陈玉成、李世贤等由安徽舒城三河进攻庐州。

8 月 23 日，前军主将陈玉成，左军主将李世贤及吴如孝攻占安徽庐州府，斩总兵萧开甲，游击黄国尧、知府伍成功、安徽布政使李孟群溃退六安州，知府马心贻避战逃走。次日，前军主将陈玉成派遣吴如孝由庐州北进，占领店埠梁园。后军主将李秀成自安徽全椒进向乌衣、东葛。

9月17日，前军主将陈玉成自安徽滁州、乌衣进攻浦口，占领东葛、西葛，与钦差大臣德兴阿，总兵鞠殿华等相持。27日，陈玉成与李秀成进至小店，击败自江南来援的总兵冯子材，随后直下浦口，前后夹击，再破钦差大臣德兴阿军，斩杀总兵安勇，副将陈升，副都统乌尔恭额、台斐音保，知府孔继荣、宣维祁。德兴阿登江口师船走扬州。江北大营被攻破，隔江与天京通信。这是太平军第二次解围天京。9月29日，陈玉成所部占领江苏江浦。

10月24日，陈玉成督蓝承先等攻占江苏六合。江南军翼长道元温绍原、宣化镇总兵罗玉斌、同知知县李守诚、都司夏定邦战死。11月7日，陈玉成部队自江苏六合、江浦经安徽巢县、庐江，昼夜兼程进军援助三河，直趋白石山、金牛镇、抄李续宾军队的后路，并命吴如孝会和捻军自庐州隔断舒城援军。陈玉成就此与李续宾展开大战。后者攻破三河镇9座砖垒，参将萧意文、都司胡在位以下4000余人战死，陈玉成的部队也伤亡数千。

15日，清巡抚衔江苏布政使李续宾遣湘军同知金国琛、府经历毛有铭等部将于黎明时分进攻舒城金牛镇，在樊家渡、王家祠堂和金牛镇先后3次打败太平军的陈玉成部队。陈玉成亲自带领部队由左路包抄，趁着大雾自敌军后方杀出。敌军将领李运络、张嵩龄、张义吾等部队相继溃败，彭友胜、刘神山、胡廷槐、饶万福先后战死，丁勇死伤大半，队伍四散，归路被阻。此时李续宾带领部队前来接应。

另一方面，后军主将李秀成得知金牛开战，自白石山引本部人马进向三河边近助战，吴定规也从三河城内冲出。陈玉成见援军已到，气势为之壮大，环绕李续宾的阵营猛攻，对阵中斩杀游击邹玉堂、杜廷光，守备赵国干等，逼近墙垒，攻破7座营垒。总兵李续涛，副将彭祥瑞越垒冲出。陈玉成命部队进入墙垒，挖断河堤以切断李续宾的归路。这天夜里三更，总兵李续宾战死，同知曾国华、何忠俊、何裕、董容方，以及知县、县丞、训导、参将等10余名文武官员被斩杀。可以说，湘军精锐至此消耗殆尽。副将李存汉、道员孙守信、运同丁锐义、县丞刘运会等坚守剩下的中右营垒，来等待桐城的援军。

18日，前军主将陈玉成与后军主将李秀成攻破庐州三河湘军中右营垒，斩杀城中留守的道员、运同、县丞、守备等。而副将李存汉在乱军中突围奔走桐城。其后，陈玉成、李秀成分兵两路自三河南进。陈玉成绕舒城出大关，李秀成经庐江到界河，两军齐同向桐城进发。20日，英国使官额尔金乘军舰到南京，与太平军发生冲突，英军死1人、伤2人，太平军死23人。江南军总兵李若珠、戴文英、冯子材等连破南京西南各营垒，占领江宁镇。国宗石镇、吉石镇常等弃福建汀州府走连城，福建军总兵富勒兴额收复府城。

21日，英舰击毁浦口太平军堡垒，并继续西上。安徽太平府太平军水师统将熊光明致信给英军，请求协作攻击清军水师。英使额尔金回信拒绝，并斥责太平军在南京的军事活动。23日，英使额尔金到芜湖。胡鼎文致信对方询问来意。英使派遣威妥玛、俄理范等上岸进行会晤。此时，太平军前军主将陈玉成与后军主将李秀成在安徽桐城吕亭驿商议进攻策略，而后决定李秀成由孔城进入斗铺，陈玉成所部则直接开往桐城。

接着，陈玉成部队大破湘军，总兵赵克彰及副将李存汉、沈俊德、萧庆衍、朱希广、谢永祜、彭祥瑞、刘人和，参将赵友财等，及知县谢泗湘，府经李景均，训导朱瞻云，县丞毛济美，副将雷风云、李集贤，游击赖由海、萧倬云、彭协和、周魁亮，都司娄国见、杨正春、宾世兴，守备沈荣发、彭称陶、萧复胜、董怡习均战死沙场。陈玉成会合后军主将李秀成占领桐城。27 日，陈玉成与后军主将李秀成兵分两路，自安徽桐城南进。江宁将军都兴阿军心震动，唯恐自己的后路被抄，选择撤回了围攻安庆的部队，由石牌退驻宿松太湖。陈玉成带领太平军跟踪前行，李秀成则接连收复潜山、太湖二城。

12 月初，陈玉成派遣部将李四福自安徽桐城青草塥进至潜山黄泥港，计划夹攻宿松。清军江宁将军都兴阿马军迎击，败给李四福。副都统多隆阿大破陈玉成大军于荆桥，此一役毁坏营垒 30 余座。11 日，陈玉成约李秀成自安徽太湖分路进兵，再攻宿松，与总兵鲍超、副都统多隆阿战于太湖二郎河、花凉亭，结果又吃了败仗。陈玉成军队死伤万人有余，所守营垒大都已陷落。李秀成带领部队趁着夜色冲出重围，与陈玉成一同回师太湖。

1859 年 3 月 8 日，前军主将陈玉成再占安徽六安州，进攻庐州官亭，安徽布政使李孟群军队大营的所在地。13 日，后军主将李秀成自安徽巢县、黄山进攻江浦浦口。江南军提督张国梁派遣总兵李若珠等迎击太平军。19 日，陈玉成所部在庐州官亭大破前署安徽巡抚布政使李孟群的军队，斩杀参将潘罗成、知县高堃卫、县丞李纶田、守备马锡禄和朱清真。翼王石达开所部军略赖裕新等占领湖南嘉禾。国宗杨义清自皖南婺源进占建德。20 日，曾国藩到江西抚州府驻营。陈玉成破庐州官亭清营，生擒李孟群，斩杀州同张湘甲、县丞沈麟图等地方官员。另一方面，石达开、石镇吉、石镇常等部队攻占了广东嘉应州城。

3 月 26 日，陈玉成自安徽庐州梁园进攻护城，围攻总兵吉顺、余成蛟，后应李秀成的请求，前去营救浦口。三天后，陈玉成大败钦差大臣胜保于安徽庐州护城，斩杀已革除官职的南洋镇总兵柏山。这月底，清廷命翰林院编修李鸿章等赴安徽军营交副都统伊兴额差委。4 月 5 日，陈玉成部队大败钦差大臣胜保、总兵吉顺等，斩知府颜怀忠，占领安徽庐州府护城镇，引军东援浦口。15 日，陈玉成和李秀成进攻江浦浦口，江南军提督张国梁督总兵李若珠、周天培、熊天喜等全力抵抗，副将郑朝栋、游击张占魁战死。

4 月 22 日，天王洪秀全族弟洪仁玕自广东辗转经江西、湖北、安徽到达天京，非常得天王的欢心，受封干天福。30 日，陈玉成军队自江浦东攻打六合，企图解救围城。清军副都统富明阿、总兵张玉良所部拼死抵抗，两将领双双在战斗中受伤。但太平军也并没有取得最终的胜利。5 月 3 日，向西挺进的石达开部队在湖南永州祁阳打败了总兵周宽世率领的湘军。此时，陈玉成见解围六合不力，转而引兵向东，声称要攻打扬州，意在吸引六合的清军力量。

5 月 11 日，陈玉成所部围攻扬州府。两日后，陈玉成自扬州进占安徽天长，斩杀湖北提督德安，攻破参将李世忠的阵营。6月2日，陈玉成部队继续谋攻六合，与提督鞠殿华战于仪征东沟，师帅郭在廷被擒。与此同时，入湘作战的石达开部队也逐步展开了一场大战。23日，前军主将陈玉成再次从江苏六合、仪征折回天长，进攻盱眙。26日，前军主将陈玉成和右军主将国宗韦志俊合力打败钦差大臣胜保，占领了盱眙，知县许垣战死。

6月底，陈玉成晋封为太平天国九门御林忠勇羽林军。李秀成对此有过这样的评价："又改各王之号，此是天王失算。前封东西南北翼各王，自杀东北之后，永不封王。今封王者，其为洪仁玕，九年之间来京，格外欢喜，到京未满半月，封为将军师，号为干王，降诏天下，要人悉归其制。封过后未见一谋。天王见各旧功臣久扶其国，心中不忍。且其弟两月之久，一事无谋，已知悔过，故先封陈玉成为英王。"

1858年夏季，天京又被清军紧紧围困，陈玉成到安徽枞阳参加军事会议。此次会议决定由陈玉成率领军队从潜山经舒城攻打庐州，李秀成的军队

则从全椒起兵，进攻滁州。最后，两路军队会师联合攻击盘踞在浦口的清廷江北大营，打通天京与江北的交通。

7月2日，英王陈玉成攻安徽来安，另一支军队攻滁州。7日，新受封的前军主将吴如孝自庐州助捻军龚得树再次攻打定远，打败清总兵吉顺、扎隆武、惠成，副将庐又熊，及副都统麟瑞。安徽巡抚翁同书退驻炉桥镇。清军副将李世忠接连在围攻安徽滁州的英王陈玉成部队面前吃到败仗。15日，陈玉成攻克庐州。英王陈玉成次日亲自督军围攻滁州，李世忠打退来兵。20日，英王陈玉成攻安徽滁州不下，撤兵回去。如此，安徽的战事相持中便进入秋季。

8月17日，陈玉成与李秀成在乌衣会师，大败清廷统率江北大营钦差大臣德兴阿的军队。第二天，陈玉成所部进到小店，清廷江南大营派兵来救，陈部又将之击退。于是，太平军乘胜追击下浦口，陈玉成进击江北大营的前面，李秀成攻击江北大营的背后，前后夹攻，清军大乱。

如此，江北大营被两路军队合力打破。天京、浦口的交通由此恢复，天京城内人心才安定下来。9月，曾国藩所部将领李续宾来犯三河。三河离庐州50里，太平军在这里建筑了一座大城，城外筑有9座坚固的营垒，在那里收囤粮食军械来接济天京。面对李续宾的进犯，三河守将吴定规告急，天王命陈玉成星夜带兵去救援。李续宾所部是曾国藩的湘军里面最精锐的、最凶狠的一支陆军。李部队入犯安徽不到一个月，接连攻陷太湖、潜山、桐城、舒城，直犯安庆，围攻三河，并企图占领庐州。

这时，面对敌人的迅速行动，太平军将士都十分震惊。陈玉成对各将领说："我安庆屹立如山，庐江仍在我军手中，三河在我内部，李妖孤军直窜进来，前后受敌，恰好似野兽自投陷阱。他既来送死，我们就要在三河把妖兵全部消灭掉。各兄弟杀妖立功，这正是大好的时候，为什么怕李妖呢？"各位将领听了此番话，心里都敞亮了很多，脸上又有了自信的笑容。

9月11日，陈玉成部队占领安徽霍山，打败了已经革职的知府袁怀忠。10月6日，陈玉成率领军队经巢县直驱白石山金牛镇，包抄三河后方，企图断绝敌人退路。另一方面，庐州守将吴如孝率领军队截断舒城救兵，使清军陷入包围圈中。第二天黎明，双方出动人马在金牛镇大战。当时正逢天降大雾，并不具备行军打仗的条件。

果断之下，陈玉成一马当先率领前军从左路包抄，乘着雾气自清军后方杀出，先击破敌人左路，接着又击破敌人中路和右路。正在陈玉成追击溃军之时，李秀成带后军赶到三河。此时，太平军守将吴定规也从城中带兵出来接应。三路人马会合一处，一直追击到敌营，然后把河堤挖断，实施围城。

太平军围攻到三更，李续宾吓得魂飞魄散，在乱军败阵之际上吊自杀。敌军上下见主将自尽，军心更加慌乱。数日间，太平军就把敌人各营都攻破了，把最为凶狠顽强的湘军一部消灭殆尽。于是，陈李继续乘胜追击。聚首舒城、桐城等地的敌人也都仓皇败走，进犯安庆的敌人也闻风吓走。这一仗打下来，太平军在陈玉成和李秀成的领导下，给以曾国藩为首的湘军以极大的打击。

曾国藩自己说，自三河一仗败走，元气大伤，不特此大局顿坏，而吾邑士气亦不能提振。胡林翼也对此有所评价：“三河败溃之后元气尽伤，四年内纠集整合起来的精锐部队，在这一次对阵中全军覆没。而且，在这其中也不乏敢战之兵士，足智多谋的人士，他们都在这次战役中凋丧殆尽。”他又说，军事以气势为主，以百战为余，这下子一次都被毁掉了，这是全军都能感到的心寒。他们万人有余，却表示只能以此为戒，不可能再投入战斗。

10 月 11 日，陈玉成及捻军龚得树攻打扬州府，进至三汊河。18 日，天京开天试，干王洪仁玕任文衡正总裁，孟德恩任又副总裁，李春发、黄期升分任正副总阅官。外线战事频繁之间，太平天国开始了开科取士。23 日，陈玉成率军大败自江南援助六合的清军总兵冯子材，副将张威、田宗扬，及总兵朱承先于凌子口，六合之围解除。

11 月 1 日，英王陈玉成与后军主将李秀成攻破江苏六合红山窑清军大营。战斗中，斩杀清军士兵 3000 人。帮办江北军务福建提督李若珠突围成功，败走扬州。15 日，陈玉成与李秀成围攻浦口。清军提督周天培、总兵张玉良、冯子材等力战拒之。21 日，陈玉成与后军主将李秀成在江浦对清军取得了重大胜利，破毁营盘 50 余座。太平军由此占领浦口，围攻江浦。清军提督周天培战死。

12 月 3 日，英王陈玉成、受天安叶芸来等自安徽桐城、安庆一带分兵两路西进。13 日，陈玉成进至安徽潜山槎水畈，袭击天堂镇，进而援助太湖。15 日，湖北参将余际昌、训导丁华先及安徽潜山知县叶兆兰，合力打败陈玉成所部于潜山槎水畈，追击抵达龙井关，并在途中斩杀了两名太平军将领。随后，清廷命三品京堂张芾督办皖南军务。太平天国在浦口打垮江北大营，又在三河一役取得大捷。这两大战役取得的决定性胜利，粉碎了清廷在军事上攻取天京的企图，并且稳定了今后两年长江上游的战争形势。

1859 年年底，后军主将副掌率李秀成被天王洪秀全晋封为忠王。次年 2 月，陈玉成收复安徽六安州，之后随即向庐州西面进军，清廷署安徽巡抚李孟群军营攻击。陈玉成部攻破清军兵营，生擒李孟群。旋即又在庐州护城集大败清军钦差大臣督办安徽军务胜保，歼灭其马队，使胜保军从此不能再次振作。自此，陈玉成和李秀成在太平天国以外围军事战争图存的环境下，成为天朝中新一代的领袖级人物。

临危受命

1859年秋天，天京北岸门户天浦、浦口战事紧张。陈玉成奉命从庐州梁园星夜领军回救，这时六合也被清军围困。陈玉成先解救六合之围，打退了敌人。奋战月余，陈玉成与李秀成会师进攻浦口清军，大战5日，攻破敌营五六十座。作战中，清军湖北提督周天培阵亡，太平军随即收复浦口。

正当浦口大战的时候，曾国藩，胡林翼正拟订计划分4路进犯安徽。如此一来，太平天国在长江上游的军事形势告急。陈玉成赶紧带兵回救。12月，两军大会战中天京被围困，情势更加紧急。天王洪秀全下诏，命陈玉成率上游各军回救。陈随即调动兵力退出太湖、潜山，回救天京。天京的危机又一次在陈玉成的军事行动下得以解除。

1860年1月7日，陈玉成抵达安徽桐城，征北主将张洛行及龚得树也从怀远、定远、庐州、舒城一带领兵前来会合，部队前锋抵达青草塥。次日，陈玉成、张洛行和龚得树自安徽桐城分 3 路进攻石牌、新仓、小池，意在支援太湖。13 日，张洛行和龚得树进攻至安徽潜山之地灵港东西两岸，建筑营垒 20 余座，依此继续进攻小池驿总兵鲍超阵营。福州副都统多隆阿率领道员蒋凝学及协领喀而库、西林布，营总金顺、巴彦杜楞前往援救，分路抵御。

1 月 14 日，陈玉成联合张、龚两军在安徽潜山的地灵港取得战斗的胜利，斩杀清军多名副将，清军伤亡 1300 人。陈玉成立即分兵前往太湖小池驿。16 日，主力部队前往安徽太湖小池驿，更番迭进。陈玉成计划围逼总兵鲍超阵营，日夜环攻。胡林翼派知府金国琛沿安徽潜山东界岭、青田畈，以援助驻扎在天堂的参将余际昌，并兼顾对陈玉成部队的军事防御。28 日，忠王李秀成与干王洪仁玕商定战略，强请出京，谋求解除长时间的围困。天王允许后，李秀成将浦口军务交给黄子隆、陈赞明接手，即日自浦口动身前往芜湖。随后，陈玉成破湘军道员唐训方于安徽太湖小池，对方溃不成军。

2月1日，江南军总统张国梁督王浚、张玉良、冯子材等攻克江浦九洑洲，天京的合围之势已成。次日，英王陈玉成部崇天福蓝承先攻打安徽潜山、仰庵、高横岭，为湘军知府金国琛、参将余际昌、训导丁华先所击败。崇天福蓝承先战死。4日，太平天国靖东主将刘玱琳放弃安徽太湖银珠塔，走小池驿、潜山城。17日，清廷知府金国琛、参将余际昌、训导丁华先、知县叶兆兰及副将萧庆衍、沈俊德，夹攻陈玉成部队于安徽潜山之红长山、广福寨、银珠塔，生擒太平天国的丞相叶荣发、指挥傅得高、将军舒春华。

3月4日，忠王李秀成、侍王李世贤打败江南军，在浙江长兴虹星桥上斩杀都司李培基，从而进占长兴。6日，陈玉成自安庆经庐州、全椒扑攻滁州，企图断绝战略上的后患，从而进援天京。然而事与愿违，陈玉成所部4月24日从全椒撤退，最终放弃围攻计划。清军总兵张玉良自杭州回援抵达常州，两江总督何桂清留守。

5月2日，忠王李秀成自金陵姚巧门进扎荆山尾，侍王李世贤进至北门洪山、燕子矶，右军主将刘官芳、求天义陈坤书由高桥门而来，辅王杨辅清、定南主将擎天义黄文金进至南门雨花台。陈玉成与前军主将吴如孝、靖东主将刘玱琳自板桥、善桥、头关而来，5路并进。清军方面，钦差大臣督办江南军务和春、帮办军务江南提督张国梁、湖北提督王浚等分督各队于清波门、陈家桥一带抵御。

陈玉成与刘玱琳、吴如孝等自江宁上河毛公渡等处搭造浮桥数座，攻天京城外墙，城内出兵接应。5日，陈玉成与太平天国的几路首领一起破解了天京西南的长期围困。清军兵营起火，总兵黄靖、副将马登富、守备吴天爵等将领战死。清军提督张国梁断城东南之上方桥，拟固守东北半壁城墙。次日，太平军于晨间攻破天京城东小水关清营。清军钦差大臣和春、帮办军务许乃钊、湖北提督王浚领军退往镇江，张国梁所部为清军主力殿后。如此，在风雨交加的天气中，江南大营再次陷落，而天京得以第二次解围。

11日，天京既已解围，干王洪仁玕、英王陈

玉成、忠王李秀成、侍王李世贤、辅王杨辅清、右军主将刘官芳等登朝庆贺，并商议进取策略。此次议定的结果是，英王主救安庆，侍王主取闽浙，干王、忠王主取长江下游。天王允许了干王、忠王的议定，随即命令忠王向东攻取苏州、常州，并限定一月回奏。战略议定之后，李秀成、李世贤、杨辅清会同黄文金、刘玱琳两位主将联合东征，右军主将刘官芳折回皖南，陈玉成则亲自带队伍渡江向北，进攻扬州。

26 日，陈玉成督六合、天长各军 3 路进攻扬州、瓜州、邸伯，提督李若珠派遣副将王万清率水师防邵伯、参将詹启纶，带马队自三岔河抄击，副都统海全、副将刘成元分路抵御。钦差大臣督办江南军务，江宁将军和春卒于无锡浒墅关。31 日，陈玉成攻扬州不下，被清军提督李若珠带兵打败，从而放弃围攻而向西撤退。6 月 5 日，陈玉成、刘玱琳均领军到常州。12 日，吴如孝、张洛行与陈玉成所部一支各自从安徽定远、寿州、颍州、六安、霍邱西前往湖北。其中，自天京门户安庆发兵的一路太平军被湘军阻断。

太平军打垮江南大营之后，陈玉成曾奉诏向东攻取江南，只留部将留守安庆。随后，湘军曾国权部队水陆并举，乘虚进犯集贤关，开始围攻安庆。面对安庆条理分明的布防守城，湘军决定采用围攻九江的策略，在安庆城外挖掘长长的壕沟。太平军守备固然不动，只求寻找空隙出城寻求解围。而另一方面，太平军各部仍在外线继续作战。

8 月 5 日，陈玉成占领浙江余杭，进至杭州卖鱼桥。次日，陈玉成所部攻击杭州总兵刘季三，遭到后者的抵抗。9 日，陈玉成的军队退出杭州余杭，清军总兵刘季三收复城池。15 日，陈玉成继续退出浙江富阳、新城境。20 日，陈玉成部由浙江孝丰进占安徽广德州，提督江长贵败退浙江安吉，游击黄占超、江国霖战死，总兵米兴朝败退泗安。陈玉成部队开赴江苏常州。

9 月 25 日，忠王李秀成自嘉兴回师抵达苏州，陈玉成自常州前来与忠王共商军计。30 日，陈玉成自天京九洑洲、新江头渡江北进，部队前锋到仪征，清军提督李若珠抵御了这次进攻。10 月 9 日，陈玉成所部攻占安徽定远炉桥，破清军尹善阵营。

14日，陈部围攻安徽寿州，巡抚翁同书、总兵庆瑞领兵迎战，相持良久。陈玉成部将进攻安徽六安州。道员李元华及同知潘鼎新、千总刘铭传督团练兵力在金家桥战胜太平军，生擒丞相张开和、检点吴化凤。20日，陈玉成撤兵安徽寿州之围，向南进军。次日，陈玉成再攻安徽六安州，再遭清军击退。23日，陈玉成继续尝试攻占安徽舒城，但未能拿下城池。

安庆是保卫天京最后一道屏障，所以当时太平军在军事上力争长江上游。总之，保卫安庆成为太平天国军事防守上的根本策略。这一年冬天，太平天国再一次分军两路进攻长江上游的武汉，陈玉成统领北路军从长江北岸经安徽入湖北，李秀成统领南路军从长江南岸进江西入湖北。两路军会师合力攻取武汉。11月26日，陈玉成纠合龚得树、孙葵心等进攻安徽桐城西南之挂车河、望鹊墩、香铺街、尊上庵、棠梨山，扎营40余座。

太平军一直在谋求解安庆城之围。清福州副都统多隆阿、参将赵既发、都司蓝斯明等迎战。12月5日，英王陈玉成再次会同捻军进军安徽桐城挂车河之望鹤墩，并增筑营垒。清军副都统多隆阿、协领温德勒克西、金顺，参将姜玉顺分3路进击，斩杀太平军千余人。7日，辅王杨辅清围攻安徽建德。此时陈玉成所部继续与多隆阿、李续宾的部队在桐城挂车河、小松园一带作战。

1861年1月2日，陈玉成部再次攻打安徽桐城、枞阳，以援救安庆之围。湘军水师总兵李成谋和游击韦志俊迎战。18日，提督杨载福、副都统多隆阿、按察使李续宜探闻，陈玉成与李秀成、杨辅清以及北路捻军各众并力西进。太平军试图援救安庆、桐城，然后在枞阳、安庆汇集兵力，再次审时度势，谋篇布局。

2月，陈玉成率军从安徽桐城向西北面的霍山前进，避开在宿松、潜山、太湖境内的清军。24日，太平军占领浙江遂安。天王诏侯幼西王萧有和成立，以为殿前禀奏之职。与此同时，英国参赞巴夏礼到天京等候提督何伯。26日，捻军孙葵心余部奉陈玉成的命令，自安徽入河南近扰固始、汝阳等处。次日，太平军进占浙江淳安。28日，李秀成部队前锋抵达江西金溪，然后向建昌府开进。此时，英国提督何伯及其舰队均已抵达天京。

30日，太平军顺利地取得霍山，陈部轻取了西南的英山。陈玉成迅速地把在霍山和英山所得的军用品收集起来，继续向湖北黄州推进并顺利攻克。这样，短短数十天，太平军就接连取得3座城池，完成600里的胜利进军。在一系列军事胜利的基础上，陈玉成准备向武昌和汉阳进攻。

在安徽，清廷湖北巡抚胡林翼的部队在太湖一带与曾国荃部队会师。所以，武昌此时没有清廷军队防守。得到黄州被占领的消息后，武昌城中立刻发生混乱，各粮台军火总局闻风尽散，主管阎敬铭吓得自杀殉职。城内的衙役和兵士几乎都走光了，只剩下总督文官和布政使等几个官僚留在城里束手就擒。

在太平军与清廷进行军事拉锯的时候，英国人开始慢慢登场了。英国海军提督何伯、参赞巴夏礼带舰队到武汉。英国人向清廷示好，表示能够拯救武汉的危局。2月11日，巴夏礼到黄州去见陈玉成，面劝其不要攻取武汉。英国参赞说，无论太平军占领哪一个设立在租界内的大商铺，都会严重

破坏英国人在这里的利益。因此太平天国的军事行动不能与他们的商业活动相冲突。事实上，英国侵略者不久之前在天京提出了同样的要求。

陈玉成对这样的干涉显得踌躇不定。最后，他命令正在向武汉进军的两个部队改向西北的麻城、德安一带进攻。毫无疑问的是，倘若太平军向没有守备的武汉挺进，胜利几乎唾手可得。可想而知，围攻安庆的清军在丢掉武汉之后会退兵而去。英国人的干涉导致攻取武汉的计划被迫放弃，结果未能拯救安庆，最终导致了太平天国力争上游、保卫安庆的军事行动全盘失势。

3 月，陈玉成分军留守湖北，进而攻克各城，自率精兵回救安庆，屯军集贤关。陈部逼近曾国荃的湘军，在菱湖北岸修筑 30 座营垒，南岸修筑 5 座营垒，参差相连。随后，城内守军轮番出击，南北岸各营分起接应，在湖中多放置小船交通往来。清军依据东路湖边升炮，停泊水师战船，修筑营垒掩护。太平军无水师，面对此阵仗不能防御。陈玉成败退之间挖掘长距离的壕沟将各营垒都包裹起来。围城之势日渐紧迫，陈玉成率领大军拼力攻破敌人营造的第一层壕沟。太平军水陆联合死力抗拒。这时，天王洪秀全命令干王洪仁玕、章王林绍璋带兵来救援安庆。他们到达桐城的时候，陈玉成留靖东主将刘昌林等防守集贤关外赤岗岭4座营垒，自去桐城迎接援军。

6日，英王陈玉成自安徽霍山入湖北，清军湖北军副将余际昌迎战。10日，英王陈玉成、格天义陈时永、杰天义赖光文等自安徽霍山石渡迂回到余际昌军队的后部，大破敌阵，占领霍山。14日，陈玉成部队占领安徽霍山。捻将龚得树奉命自霍山经松子关入湖北罗田，以接应南路陈玉成亲自领导的部队。湘军总兵成大吉率副将张运馥、参将王名滔、游击胡以章等迎战龚得树所部，结果捻将战死。大队太平军自天京渡过九洑洲，西入安徽驰援安庆。练总苗沛霖所部侯克顺进攻安徽宿州未果。岭南地区，天地会南兴王陈金刚、元帅郑金、刘昭占领广东信宜。

18日，英王陈玉成占领湖北黄州府。湘军总兵成大吉第二次大败龚得树于湖北松子关，捻军此时分为两支，大部队折回安徽庐州定远，小部前往跟随英王陈玉成作战。清军都司尹翠日在战斗中阵亡。22日，英国参赞巴夏礼等自汉口向东返回下游，途经黄州府，偕同上海英商代表汉密尔顿上岸会晤英王陈玉成，说明英国人进入长江旨在通商贸易，劝请太平军不要进攻汉阳、汉口。陈玉答应了他们，随即改道进攻麻城、德安一带。侍王李世贤打败湘军京堂左宗棠部王开琳、王开来、罗近秋、李世颜、朱明亮于安徽婺源甲路，斩杀游击陈明南。王开琳所部等退向江西景德镇。

23日，忠王李秀成从江西建昌府撤兵，转而进攻抚州府。太平军攻占太湖东洞庭山、福山镇，总兵王之敬战死。次日，英王陈玉成部将唐胡子占领湖北荆州。28日，陈玉成部主将马融和、范立川等占领湖北黄安。天王洪秀全诏萧有和、萧全福、洪仁玕、石达开，陈玉成、李秀成、蒙德恩等太平天国上下内外，解释归荣天父天兄天国的真义。

英国水师提督何伯在天京训令停泊下关的舰长并照会太平天国要求：一不得侵入上海吴淞附近百里以内，否则武力制止，英军也不会占据此地进攻太平军；二要保护吴淞福山的航路水标，并请求巴夏礼协助交涉。何伯自天京东回上海。巴夏礼与舰长雅龄进入天京，会晤赞嗣君蒙时雍，表示太平军如破坏口岸商务，彼此关系即无法改善，商定明日再谈。

4月，陈玉成会和洪仁玕等军从桐城挂车河等到棋盘岭，绵延20里，分3路进攻敌军。结果，长时间苦战不能取胜，陈部退回桐城。在外线，陈玉成与陈时永等占领湖北德安府，部将马融合、范立川占领了湖北随州。右军主将刘官芳等分路攻入安徽祁门。英王陈玉成部占领湖北云梦。清军方面，提督江长贵击退侵入安徽祁门的太平军，提督颜朝斌等克复湖北光化老河口，捻军姜台凌、王怀义部队折回河南。提督舒保截击湖北黄陂、滠口、双庙的陈玉成所部一支。

6日，英军水师提督何伯致书海军部，主要理由是清军及太平军承认条约口岸中立，以保外国商务。8日，侍王李世贤与湘军左宗棠部道员王开化，知县刘典，营官罗近秋、黄少春战于江西饶州范家村。此役太平军失利，谢天义黄胜才、饶天福李佳普等战死。山东八卦教杨明岭占领馆陶。副都统德楞额克复山东安丘，捻军赵浩然败走高密，进入苏北。

曾国藩致书曾国荃，讲述长江南岸太平军共分 5 股，分管各处：忠王李秀成管苏州、常州、松江等处，现在部队进入江西腹地；侍王李世贤管徽州、嘉兴、广德、金坛、溧阳等处，现在江西东北境；辅王杨福清管宁国府，现在尚未出兵；定南主将黄文金管芜湖、繁昌、青阳等处，之前在江西受伤，并未出兵；右军主将刘官芳管池州、泾县、旌德、石棣、太平、南陵等处。从人数上讲，太平军每股兵力多者 10 余万，少者也要八九万，当时，陈玉成带领的部队与太平军其他各部一起在长江北岸驻防。

曾国藩曾在写给他儿子曾纪泽的一封信里，吐露了他围攻安庆形势的险恶。曾国藩说，太平天国这一次救安庆之围，取胜的关键乃在千里之外。湖北战局在于攻破黄州、德安、孝感、随州、云梦以及黄梅、荆州等处。江西的局面则在于破吉安、瑞州、吉水、新津、永丰等处。换句话说，清廷军队要分兵前往才能应对这种局面，但军队四处调动已显现出疲态且因此多有贻误。

曾国藩惊叹太平天国在军事上善于用兵。虽然他厚着脸皮说太平军不可能扭转全局，对清军来说除破安庆一关，此外皆不足畏惧。事实上，战争全局的得失中，曾国藩与清廷的军队当时正处于被动的状态。而这种全局上的认识着实动摇了他对安庆围攻的实施。可以想象，假使当日太平天国北路军于3月攻取武昌，或南路军于6月临兵武昌城下。围攻安庆的曾国藩的湘军部队就必定要撤走。

历史不能假设，但可以得到事后的印证。李秀成被俘之后，曾国藩的机要秘书赵列文与李秀成谈及，南路军到了湖北南部之后如果更近一步，武昌城就被撼动了，然而最后却因为救皖省危局而撤兵湖北。这正是忠王在事后所透露出来的实情。总之，从战略全局上看，英王陈玉成和忠王李秀成都功亏一篑，没有将外线作战进行到底。于是，在中国军事战争的历史中多次上演的“围魏救赵”之谋，在左陈右李的作战选择中付之东流。

回到当时的战事之中。4月12日，清军失守江西景德镇，粮道被太平军断绝，曾国藩自安徽祁门进驻休宁，全力攻取徽州以寻找生路。另一方面，湖北大冶有义军占领县城，来响应忠王李秀成的军队。13 日，英王陈玉成部万余人自安徽英山、霍山绕道进攻湖北麻城，斩杀清军参将刘中和。贵州军知府吴德容克复荔波，翼王石达开部主将余明富，丞相余成义东走黎平府。

18 日，太平军将领陈炳文部队攻占浙江乍浦镇及平湖县，乍浦副都统锡龄阿所部溃败，将领战死，总兵米兴朝退到�泾。湘军彭玉麟及副都统舒保、道员李国琛水陆并进，攻克湖北孝感。这时，英王陈玉成让格天义陈仕荣等留守德安、随州以牵制清军的兵力，自己率领大队人马东去。

21 日，英王陈玉成占领湖北广济、黄梅，企图明日入安徽太湖，计划解安庆之围。忠王李秀成随后也向东退兵，沿赣江北岸行军。22日，忠王李秀成自江西吉安府向北进军，清知府曾咏、知县丁日昌收复府城。侍王李世贤督大队围攻江西乐平，左宗棠军力全力抵抗。英王陈玉成部将唐胡子、刘维桢占领湖北荆州及武穴，准备向黄州寻找出路。

英王陈玉成进军至安徽宿松桃花铺，福州副

都统多隆阿带领军队来阻，太平军随即取道石牌，退回安庆集贤关。侍王李世贤都统京卫军大佐将李尚阳等猛攻江西乐平。湘军三品京堂督道员王开化，知县刘典，副将王开琳、丁长胜等大破太平军，斩获4000余人。李世贤所部向东回撤进入浙江境内。

27日，英王陈玉成屯军安庆集贤关，逼攻在安庆进行围城的湘军。候选道员曾国荃及水师固守。陈玉成调遣驻扎在天长、六合一代的李秀成部平西主将吴定彩前来入城增防。曾国藩自安徽休宁回驻祁门。随后，英王陈玉成会同安徽城内之叶芸来扎营在菱湖南北两岸。

5月1日，干王洪仁玕、章王林绍璋自天京奉命援安庆，当日会合桐城、庐江的前军主将吴如孝率众两万，自新安渡至横山铺到练潭一带，谋联合英王陈玉成共同解救被清军围困的安庆。陈玉成及叶芸来与湘军道员曾国藩、提督杨载福战于安庆菱湖。

5日，英王陈玉成与湘军道员曾国荃，提督杨载福，及曾贞干、萧孚泗、蔡国祥等激战于安徽菱湖附近，互有伤亡。曾国藩派道员张运兰守安徽休宁，总兵朱品隆驻守祁门，提督江长贵，副将唐义训、沈宝成等分别把守岭隘，亲自率兵北援安庆。湖北德安府的太平军守军出城袭击湖北副都统舒保、道员金国琛君，战局不利。湘军道员刘岳昭自湖北宜昌府率军抵安陆府。

13日，章王林绍璋，主将黄文金等援助英王陈玉成被阻，湘军总兵鲍超、成大吉的部队即将赶来。可以说，解围安庆是一件不容易的事情。尽管如此，陈玉成所部陆续进屯集贤关外。辅王杨辅清部将兰以道占领浙江长兴。忠王李秀成占领江西奉新。16日，英王陈玉成自安徽集贤关进军，道员曾国荃带领军队凭借又长又深的壕沟得以抵抗。

19日，英王陈玉成留靖东主将刘玱琳、傅天安李仕福、垂天义朱孔堂等守安庆集贤关外赤岗岭4座营垒，以及关内13座营垒。英王亲自率马步军五六千人由冷水铺取道马踏石赴桐城，以黄金爱断后。副都统多隆阿闻讯，立即派温德勒克西、金顺、雷正绾、杨朝林、曹克忠、王万年、赵既发等追击，并在马踏河边将其击败。

第二天，英王陈玉成到安徽桐城会晤章王林绍璋、干王洪仁玕。23 日，忠王李秀成部将仁天安蔡元隆占领江西武宁。英王陈玉成和干王洪仁玕、章王林绍璋、定南大主将黄文金、格天义陈时永、捡军孙葵意 3 万余众由安徽桐城挂车河、老岵尖至棋盘岭，列队修筑营垒。陈玉成先破黄家铺团卡，调文金部队 4000 余人隐蔽与山林之中，自与林绍璋等兵分 3 路前进，企图再次援助安庆。

英王陈玉成、格天义陈时永率军 4000 人出挂车河之左，干王洪仁玕率军 7000 人自雉鸡塔、江家桥出挂车河之中，章王林绍璋、捡军孙葵意率领军队万余人从麻子岭、棋盘岭出挂车河之右，副都统多隆阿，副将石清吉、陶茂林、赵既发、曹克忠、赵克彰，副都统杨朝林，参将姜玉顺，参将谭仁芳，总兵雷正管等兵分 5 路，并以副都统温德勒克西、格通阿马队为伏兵策应，全力迎战破之。战斗中尽毁其营垒。陈玉成等走回桐城，折损千余人。

月底，忠王李秀成部放弃江西新昌北走，占领义宁州，朗天安陈炳文等自浙江嘉兴经嘉善、西塘进攻江苏青浦、章练塘。清军提督曾秉忠打退了太平军的进攻。进攻扬州的太平军被宁江将军都兴阿及营总杜嘎尔、总兵詹启纶等打败。统戎黄添理为清军福建副将林文察等所打败，自武平、汀州经江西石城、广昌北走，复折入福建，当年部队行军至建宁。英王陈玉成部队先锋程学启在安徽集贤关向湘军同知曾贞干部队投降。随后，太平军在赤岗岭的4座营垒都被敌人攻陷了。

6月24日，清廷命令福州副都统多隆阿帮助文官胡林翼军务。湘军左宗棠打败太平军右军主将刘官芳于江西饶府桃树岭。翼王石达开宰制赖裕新自广西宾州经横州东入兴业。忠王李秀成自湖北兴国州致谕黄州杰天义赖文光，询问英王陈玉成近况及安徽省的情形。另有一件公文致陈玉成，交文光转递。

7月，陈玉成又与林绍璋、辅王杨辅清、定南主将黄文金等所领导的军队入集贤关，来救安庆，并在关口毛岭、十里铺修筑营垒40多座坚守，城内守军也列队四门接应。在安庆和集贤关之间，敌军则内攻外拒。面对此种阵势，陈玉成亲自率将士攻破敌军第一层壕沟，越过壕沟肉搏争夺。敌军一面抗拒，一面修筑新的营垒，旧的营垒失守后又转而修筑新的营垒，死抗不退。此时，城内弹尽粮绝，敌军偷挖地道埋设地雷。

9日，忠王李秀成军退出湖北咸宁，知县金东昀克复县城。李秀成大约此时已得知侍王李世贤在乐平吃了败仗，英王陈玉成、章王林绍璋、定南主将黄文金在安庆集贤关战败，右军主将刘官芳及古隆贤赖文鸿黔县的军事失利。因即自湖北收军东下，分由江西义宁、武宁集中瑞州、鄂北德安也一同放弃。左宗棠留军守江西景德镇，拔营赴安徽婺源。白莲教张继善、杨泰、朱景诗在山东莘县打败了清军胜保、副将徐廷锴。26日，清军的地雷将城墙炸毁。城墙一经破坏，安庆最终失陷。

来到8月，英王陈玉成、辅王杨辅清自安徽太湖取道小池驿、黄泥港，向东直趋清河、三桥头、高楼岭、高河铺、马鞍山，章王林绍璋、前军主将吴如孝自桐城西路近至挂车河、蒋家山。定南主将黄文金自东路绕道鸡公庙、麻子岭，第三次援兵安庆。副都统多隆阿、副将石清吉、参将谭仁芳等击败林绍璋等军，总兵雷正绾、副将王可升等拒退陈玉成和杨辅清的进攻。

8日，英国外务大臣罗塞尔再次训令英使要保持中立，若英国人受到清军与太平军两方斗争的侵害，应极力设法营救，决不能干预中国内战。12日，忠王李秀成军队退出江西新昌，都司杨在田收复县城。英王陈玉成部队退出湖北云梦，走往随州。

24日，英王陈玉成、辅王杨辅清、章王林绍璋、定南大主将黄文金齐入集贤关，第四次支援安庆，并于关口毛岭、十里铺构筑营垒40余座固守，城内守军平西主将吴定彩及叶芸来、张朝爵等列队四门接应。25日，英王陈玉成、辅王杨辅清等亲自督军，分10余路自集贤关内扑攻围困安庆的清军后方的壕沟，湘君道元曾国荃等全力抵抗。

27日，忠王李秀成在江西樟树镇决定分3路北进，攻取南昌，令其两位宗弟渡过赣水，沿河前进，自率大队人马围攻丰城，河中木筏顺流而下，聚集部队到南昌会齐。小队人马抵达丰城对岸，为总兵鲍超霆军所阻。在曾国藩看来，李秀成派所部攻打丰城，自率大部队去攻击鲍超的军队，两路人马陈兵赣水东西两岸，但李秀成不知道鲍超所部的动向。英王陈玉成、辅王杨辅清亲自督阵，攻破安庆城外湘军第一层沟壕。道员曾国荃亲率士兵增修新的堡垒。另一方，陈玉成、杨辅清督大队自盐河至十里铺以东直接进攻新筑的堡垒，猛扑 10 余次而不能破，折损约 3000 人，只能收兵罢战。英王陈玉成、辅王杨辅清派军队轮番攻打安庆城外进行围战的曾国荃军队。

这年夏秋之际，太平天国把守的要塞安庆被清军攻陷了。从此湘军以安庆为大本营，据长江上游之势，顺流而下向天京进攻。太平军方面，南路军进入浙江。然而，收复浙江却补救不了安庆失陷带来的颓势。另一方面，北路军在安庆失陷后，退守庐州，旋即分兵向西北远征。陈玉成孤军留在庐州坚持到第二年春天。随后，陈玉成所部突围到寿州，英王被俘，最终壮烈牺牲。复盘战局，太平军在军事上丢掉了安庆，导致长江以北失去了军事据点的支持和保护，天京的生存就变得更加困难了。

当时的过程是这样的。9 月 2 日，曾国荃击退安庆城外陈玉成、杨辅清军队。清军水师副将蔡国祥再次截获运济城内的米粮及其他物资。此时太平军在外线作战的其他部队都不断经历挫折。5日，湘军即用道员曾国荃督导知县彭毓橘、知府刘连捷、副将萧孚泗、都司李臣典等一众将领轰塌安庆西北城垣，克复省城。守将张潮爵乘舟逃走，平西主将吴定彩、叶芸来战死，全军1.6万余人均战死或投江而死，无一生还者。英王陈玉成、辅王杨辅清、章王林绍璋、定南大主将黄文金率领大军退出集贤关外。

湘军道员曾国荃派遣营官曾贞干、朱洪章等将安庆集贤关外的堡垒悉数铲平，陈玉成等部走桐城。副总统多隆阿由其间抄道出安庆西北至三桥头，准备截击英王陈玉成、辅王杨辅清所部。陈玉成等翻山而走。英王陈玉成、辅王杨辅清等退至安庆石牌之腊树窝。副都统多隆派遣副都统温德勒克西，协领舒亮3路追击。陈玉成部队西走太湖宿松，杨辅清所部则再次回师皖南。

12日，英王陈玉成退出安徽宿松，向西进入湖北黄梅，沿安徽湖北交界向北进军。太平军计划去德安、襄阳一带招兵，然而旧部大都不愿前往。陈玉成无法制止，立即取道英山、六安前往庐州。清军一方，副都统乐温德乐克西、总兵雷正绾随即克复两座城池。

10月10日，陈玉成自安徽庐州到三河，抵御东下而来的湘军。李秀成撤退了对浙江衢州府的围攻，并放弃常山，向东进军汤溪。12月初，湘军同知曾传理、副将胡中和等攻取四川丹棱，太平军将领蓝大顺带兵拒之。翼王石达开自湖南会同进攻黔阳。陈玉成在安徽庐江战败之后驻军三河镇练兵。李秀成军队与副都统杰纯战于杭州凤山门。

星光惨淡

安庆既已失守，太平天国上下人心震动。根据当时的局势，陈玉成要求退兵。杰天义赖文光谏言道：“目前安徽既然已经失守，当务之急是向北联合苗沛霖、张洛行，来顾及天京之左；必须出奇兵，进攻蕲、襄之地。不到半年，等到兵多将广的时候，可再企图恢复皖城，俾得京门巩固，这就算是上策。”

陈玉成对此番建议不以为然，随后率领部队退居庐州，请命自守。陈再次上奏天京，请求加封部将陈德才为扶王，梁成富为启王，赖文光为遵王，蓝成春为祜王。此后，陈玉成率领大军于这一年冬天远征陕西，招兵买马，以图恢复安庆。陈只留少数军队驻守庐州。不承想，这竟然在旁人眼里成了陈玉成一次又一次的败笔。于是，导致后来赖文光谈论到这件事时表示，“此乃英王自取祸亡，累国之根也”。

1862 年 1 月 7 日，李秀成留主将邓光明、天将童容海、36 天将刘懿鸠、忠诚朝将钱桂仁及汪安钧等留守杭州，分立各级军队将官，亲自率领大军直趋江苏松江、上海，由上中下三塘水陆并进。忠王李秀成通告上海、松江的民众和军队，分水陆 5 路进攻，谕令去逆归顺，并劝上海洋商各宜自爱，两不相扰，如果胆敢进行军事反抗，则是自取灭亡。太平军主将马融和、羡天义倪隆怀等自安徽颍上致书陈玉成，禀报军情。

2 月 12 日，扶王陈德才、启王梁成富、遵王赖文光、祜王蓝成春等奉英王陈玉成命，自安徽颍州府向西挺进，当日与河南汝宁府的捻军杨方衡合兵一处，围攻新蔡。随后，陈德才领兵继续向西，梁成富所部继续攻打新蔡。陈玉成在安徽庐州接到天王圣诏御照，命与扶王陈德才等遵诏进兵取粮。当日陈玉成致信陈德才，命与启王梁成富、遵王赖文光、祜王蓝成春等商议，从速发兵到下游正阳一带，并在 3 月中旬接应英王陈玉成或导王陈仕荣所带之庐州军队。

然而，英王并不知道此时陈德才已经进入河南。实际上，陈玉成之前撤军回天京的举动触怒了天王。天国朝廷斥责陈玉成前退太湖，复退安省，又失挂车河之约，从而导致章王林绍璋退兵桐城、庐江、无为、三河等处，言上述一系列的失利罪过终在英王。

3 月 23 日，多隆阿军步步紧逼，陈玉成自庐州分向各方请求援兵。英王致信张洛行，命其派一二队官兵并骑兵数百东来庐州郡北乡青龙场一带驻屯，以便前来面议军机，大举征剿。扶王陈德才、启王梁成富、遵王赖文光、祜王兰成春应接到军函，如其还在颍州，即派祜王带兵到下游接应，与英王或导王陈仕荣，面议紧要机宜。

太平军抵达庐郡于北乡百余里屯扎，勿靠近郡城。一方面英王仍命令马融和等进攻颍川，另一面由陈德才等发兵上游，以瓦解清军兵力的强势。此外，马融和、倪隆怀、谭鼎光、范立川、邱远才、陈汉太、戴仕保也应接到命令，准备派兵一两支前来正阳与英王或导王会合，再图进军剿杀。此时，张洛行与马融合等正在图谋围攻颍州，陈德才等已经进入河南。而以上三文，均被清军截获，终究没有能够送达。

清廷蕲州将领多隆阿纠结安庆、桐城、舒城、六安等处军队来犯庐州，逼近东、西、南三门外。定远清军也到城东北 10 多里扎营，实施四面围困，日夜进攻到城边。这样一来，城内缺粮，不能再守。陈玉成奏尽苦难，最终没有任何支援和响应。而派出陈德才等部队又远去无消息。庐州孤城粮尽援绝，陷落在即。此时，练匪苗沛霖盘踞在安徽寿州，以办团练称霸一方，起初接受了清廷官职，后与当地官僚、地主相互争斗而起义。

苗沛霖在这时又接受太平军的奏王封号，却暗中与清廷钦差大臣胜保密谋，要用计诱捉陈玉成。他上禀陈玉成，用无以复加的阿谀奉承来迎合陈玉成。他求陈玉成到寿州去，以四旗人肋之，一旗 30 万人，攻打汴京。且说，“孤城独守，兵家之大忌也！以英王盖世英雄，何必为这股残妖所困？”英王陈玉成派张林前往山东勾结土匪，肥城、长清已有 2000 余人，混入清军兵营当勇者已

有数百人，并有带兵官在内，定于下月举事内应，命各省严防。

陈玉成一向认为：如得汴京，黄河以南，长江以北，都为我所有，就可以渡河直捣燕京。苗沛霖这封信，恰打中他的心愿，遂请天国朝中两位丞相商议此事。他先表示说，苗沛霖真有韬略，自己非要到寿州不可。殷丞相答道，“闻苗雨三已投奔敌人，此人反复无常，诚小人之尤者。依照我的看法，万万不能去啊！”陈玉成深沉地回应说：“再谈。”第二天，他召集六部尚书及各同检会议去寿州的问题，众人都说不能去。孙户部尚书还提出他的主张说，与其到寿州去，不如回天京见天王后，重整旗鼓，何患残妖不除也。

山东巡抚谭廷襄于 3 月初上奏，张林于前年 6 月投入贼营，第二年陈玉成起意北窜，因不知虚实，派伊与吴添祥等 10 余人赴北路探听消息，勾结内应。26 日，陈玉成、陈仕荣等力守庐州，抵御围攻他们的荆州将军多隆阿部，总兵雷正绾、石清吉等部队。英国公使布鲁斯致书外务大臣罗塞尔，谓英法军即合力肃清上海附近的乱局。

3月底，陈坤书、洪春元等围攻江北六合，提督李显爵带兵抵抗。陈玉成自庐州府致陈德才等之密文3件均为多隆阿部队截获，即上文提到的3道命令。陈玉成见众人一致不同意他去寿州，便大声说："本总裁自用兵以来，每战必胜，每攻必取。虽虚心听受言者。此次你们所说，与我的意愿是大大相抵触的。"于是，陈认为此事绝不再讨论了。陈玉成不听众人劝谏，他决定去寿州，并计划以寿州为大本营，铺排一切。遂陈亲自率领陈德才、张洛行等兵分几路进行北伐。

当日夜间，陈玉成下令攻取城北门外清军营垒3座。31日夜间，全军从北门撤出，连夜去寿州。事先，陈玉成派余安定驻寿州，专办与苗沛霖联络之工作。但他不知道这家伙已经变节了，与苗沛霖共谋了。苗沛霖接到陈玉成前来的消息，就派侄儿苗景开到下蔡迎接。4月11日，陈德才、梁成富、赖文光等自河南南阳西抵内乡。陈玉成自庐州致书信给陈坤书，乞求对方派来援军。书信又被总兵张得胜在州城东南乡所截获。捻军将领张宗禹自河南汝州分两路，经登封、宜阳围攻洛阳，知府安奎力守城池。

5 月 13 日，英王陈玉成因荆州将军多隆阿及总兵张得胜、雷正绾、石清吉等之猛攻，退出安徽庐州，与导王陈仕荣、从王陈得隆等走寿州，打算依靠苗沛霖。多隆阿等重新占领庐州，生擒王宗椹天义陈朝旺。辅王杨辅清自浙江淳安、昌化向北，入皖南宁国府界内，准备抵御浙江提督鲍超的部队。浙江民团克复象山，道元苏镜蓉克复宁海。此间，署江苏巡抚李鸿章在上海接任。第二天，宁波英法军协助已经被革职的宁绍台道张景渠克复慈溪。志天燕何文庆及文经政司沈珍西走，武经政司周申庸在 13 日被杀。忠王李秀成因嘉定、青浦失守，出天京回苏州，率精锐万余人进至太仓。

15 日，陈玉成与陈仕荣、陈德隆，王宗统天义陈聚成、王宗闵天义陈安成、祷天义梁显新、大军主将向仕才等数十人自庐州到寿州，为练匪苗沛霖、苗景开及余安定所诱捕。陈玉成到寿州，余安定开城门恭迎。陈玉成坦然不疑，把 2000 名百战精锐的护卫队都安顿在城外，只带从官 20 多人进城。5 月 13 日夜间，苗匪留守寿州的李万春接苗匪令，立即动用武力对陈玉成一行人实施抓捕。从官仓促应对，从王陈德隆在格斗中牺牲，陈玉成与导王陈仕荣、王宗统天义陈聚成、主将向仕才、王宗虔天义陈安成，祷天义梁显新等 20 多人，都立即被抓了起来。

15 日，陈玉成被押解到胜保军营。胜保稳坐中军帐，旗帜枪炮排列森严，凡带兵营官皆佩刀站立，耀武扬威。胜保升坐叫道："带陈玉成上来！"陈玉成昂然走入大帐，大声呵斥胜保说："本总裁是天朝开国元勋，三定湖北，九下江南，你是本总裁手下败将，见仗即跑，本总裁曾饶过你的狗命，好不自量力的家伙！"胜保回应："那么你为什么被我捉到了呢？"陈玉成说："我误入苗贼毒计，陷入网罗，与你何干？我今天死，苗贼明天就要死在我的军队手里。你应该记得合肥官亭那一仗，你骑兵两万，与我对战之后，还有一兵一卒幸存吗？"听了这些话，胜保满脸羞愧，不晓得回应什么，却只得来劝陈玉成投降。陈玉成勃然大怒，说："大丈夫视死如归，你不要白费口舌了。"

于是，陈被押送到燕京。那么，此时李秀成

的境遇如何？4月21日，江苏奉贤太平军被英法军及常胜军所压迫，退出县城。知县陈化鲲恢复对局势的控制。忠王李秀成的部队在江苏嘉定南翔俘获英军军火，斩杀印度兵七八人，生擒4人。

26日，李秀成及陈炳文、郜永宽等攻占江苏嘉定南翔。英军提督士迪佛立即率领英法军焚城突围，败走上海。翼王石达开占领川南叙永厅，取道兴文。另一支在贵州正安为黔军总兵吴安康所打败，复由黔西州边界入川。侍王李世贤部主将李尚扬、信天义何松泉数次攻打浙江温州瑞安而未果。安徽巡抚李续宾所部下道元蒋凝学克复霍邱，练匪苗沛霖部队败退。江苏布政使曾国荃率军进驻江宁镇板桥。

6月2日，李秀成和黄文金、郜永宽占领松江，广富林打败英军一支，得洋枪400支、火药36箱。淮军参将程学启拒之于漕河泾。英国外交大臣罗塞尔训令英国大使普鲁斯，赞同对太平军采取攻势。文王蓝二顺自陕西山阳围攻湖北郧西，知县梁懋龄抵抗。翌日，端王蓝大顺去四川太平入陕西定远。李秀成部占领江苏奉贤，知县陈化鲲战死。淮军参将程学启、腾嗣武破上海，七宝的太平军营垒。曾国藩致书给其弟曾国荃，劝阻他不要孤军深入攻打金陵。李秀成督军再次占领松江城外严寺土山，增筑工事环和四门围攻。

1862年6月4日，陈玉成被押送到河南延津，就义于西校场，时年26岁。太平天国后期的军事领袖，多次救天京于危难之际的常胜将军，他的战绩甚至让敌方主将羞愧难当，这位太平军将星的陨落令人唏嘘不已，使人更加感叹他担当大任之时竟然如此年轻。自古英雄出少年，怎奈暗夜星光无辉映，月落星稀天欲明。

陈玉成的少年壮志终未酬，需要将之放在太平天国的兴衰中再三评说。1856年7月，天京事变爆发。11月13日，太平军固守的武昌、汉阳失守。29日，清廷军队侵犯九江。1857年11月20日，清廷江南大营攻陷镇江，12月初又卷土重来，围困天京。可以说，从此以后太平天国在军事上从进攻转变为防守，开始了他们更为艰难的图存征途，而最终也未能扭转灭亡的走势。在这一段时间中，太平军在极其险恶的环境下，与敌人展开生死存亡的血战，其中最坚强的一路军队就是青年英雄统帅陈玉成领导的军队。

陈所领导的这路军队本来只是太平军中一支普通的队伍，由于长期而复杂的战争历练，陈玉成所部逐步蜕变为太平军中的一支强兵。不想天京事变爆发，翼王石达开出走，几乎把太平天国的良将精兵全部抽离出天国的心脏地带。随后清廷派兵压境，城防空虚，天京告急。

面对如此局面，陈玉成把老兵作为骨干训练新兵，迅速扩充了太平军的阵容。陈玉成领导这路大军采取攻势防御的战略，在长江北岸扩大地区攻击敌人，先后在浦口打垮江北大营，在三河镇歼灭李续宾，全军在庐州西长城生擒李孟群。陈部所到之处，军威广播，涤荡敌营。在兵来将往的多次军事斗争中，太平军经常指向武汉，挫败敌人的进攻，从而保卫了太平天国的安全。

太平天国从天京事变后能够长期屹立不倒，首先是由于在长江以北有强大的军队抗击敌人和江北物资源源不断地接济。因为“庐郡及和、含、浦、六一带，均系出粮之区，江南向藉江之粮”。

到陈玉成死后，江北地区全都失陷，天京就不可能长久固守了。所以，干王洪仁玕论陈玉成之死对太平天国的关系说，“如英王不死，天京之围必大不同，因为若彼能在江北活动，令我等常得交通之利，便可获得仙女庙及其附近诸地之源源接济。英王一去，军事军威同时陨落，全部瓦解”。由此可见，陈玉成对于太平天国关系的重大是不言而喻的。

另一位在太平天国后期安镇局势的青年良将是忠王李秀成。1856 年春，李秀成已经升级为地官副丞相，并在统帅燕王秦日纲领导下，解镇江之围，渡过长江破清军江北大营。4 月，李秀成所部大败清廷江苏巡抚吉尔杭阿军队一支，5 月又攻破清廷江南大营，从而天京之围迎刃而解。在上述的军事作战中，作为太平天国后起之秀的李秀成都建立了自己的功勋。

7 月，天京事变爆发。清廷趁机从各个战场抽调兵力，开始对庐州实施反攻。结果，太平军把守的三河要塞告急。此时，驻军句容丁角村的李秀成所部，奉命率本部人马前去营救。李军赶到无为州的时候，三河的守军已经败退，随后太平军继续失守庐江。这场战局中，清军大小营寨已经有百余座，自泸州、三河、舒城、六安、庐江、巢县、无为等处，节节连营，逼近桐城，图谋安庆。李秀成进入桐城组织守备，然而孤城一座，城外只有营盘3个，能作战的将士不到3000人。可是另一方面，敌人每日出兵万余人来攻。尽管如此，李秀成力战强敌，守住了桐城，保卫巩固了安庆。

1857年年初，陈玉成率军从宁郭郡来救，李秀成赶到枞阳与陈玉成商定出奇兵制敌的计策后，回到桐城。陈玉成从枞阳一鼓作气顺下，先攻破无为州，从仓头、黄雒河、东关一路扫荡，取巢县，破庐江，上界河，随后攻击大关。在包抄了桐城之后，陈玉成所部截断了清军粮道。在这之前，捻党张洛行、龚得树等起义，将军队驻扎在淮河上游三河尖。于是，李秀成邀请他们前来归顺。李部在大败清军后，兵分3路追赶，攻取舒城，取得六安，随即到三河尖征召张洛行。张洛行率先派出龚得树和苏天福半路相迎。李秀成当即攻下霍邱县，并将之交给张洛行作为发展军事力量的根据地。李秀成因战功卓著升为地官正丞相，晋封合天侯。

这年4月，天王洪秀全任用洪仁达、洪仁发来辖制石达开，凭借一纸诏书来质问翼王在军事事务的选择和决断，由此破坏了天朝一贯的军师负责制。详情兹不多述。面对朝中的多项掣肘之举，石达开从天京带兵出走安庆，从而导致朝中无人掌管，对外无勇将作战。可以说，太平天国在这种分裂中转而走向了逐步的衰落。11月底，英法联军攻陷广州城。年底，清军江南大营合围天京。清朝政府和太平天国同样面临着内忧外患的危局。

翼王带走精兵强将而置天国存亡于不顾，太平天国领导层一致推举李秀成和陈玉成领兵征战。天王洪秀全任命李秀成为副掌率，又与正掌率陈玉成同时提兵符之令。这就昭示着，陈玉成与李秀成由此开始掌管太平天国的军事统帅任务。此时，陈玉成领军队驻扎在太湖、潜山，李秀成驻军在六安、霍山。

自天京事变后，天王洪秀全不再相信外姓王，只相信同姓王，可以说人心离散。李秀成感到自己是卫兵出身，而今当此重大责任和角色，就约请陈玉成同去安庆召开会议，商讨怎样停止朝中的纷争。李在会议后上了一封奏章，请求天王洪秀全申严法令，整顿朝纲，明正赏罚，择才而用，罢黜佞臣庸官，重新启用翼王等数款意见。没想到，天王因此下诏革了他的爵位。出乎意料的是，李再上一封奏章，重申其对当前形势的判断，并陈奏谏言的来历。这次，李的奏章由朝臣过手，然后上殿奏谏，天王恢复了他的爵位。

军事上，天王洪秀全授陈玉成为前军主将，李秀成为后军主将，李世贤为左军主将，韦志俊为右军主将，蒙德恩为中军主将。这五将按正掌率掌理朝政，天国朝廷由此稍可自立。天京事变之后，江南大营卷土重来，太平军在 7 月初丢掉江苏句容，镇江也被清军围困。

11 月，李秀成奉命救镇江。他从六安州率领本部人马东下，救出镇江的太平天国守军，最后两支军队得以全部安全撤退。1857 年年底，清廷钦差大臣和春统率江南大营再来进犯天京。清军挖掘一百三四十里的长壕，北自观音门起，东面越过钟山，南跨上坊桥，然后寻雨花台南复而后西折，最后到达长江，被称为“长城”，且修筑联营130余座，试图以此困死天京。

1858年2月，天京东北门已被完全包围，南门也将要被包围。李秀成奏请出京调兵解救天京之围。天王洪秀全要他主持守备天京，不准出将。如此几日过后，他见事情万分紧急，便到朝门外击鼓，要求天王重新考虑自己的意见。于是天王登殿召见李。后者着实费了一番气力陈述当前的内外形势。天王洪秀全感到，太平天国面前的形势的确如李秀成所描述的那样，便请他将天京中事务交代清楚再出京求援。

于是，李秀成由东门出，并疾驰一日一夜赶到芜湖。这时，清军声势浩大，天京四面都是敌人。李秀成虽然第一次担当这样的重任，但毫不畏惧。他见了驻屯在宣城县黄池、湾沚的旧部，以及这支部队现在的统领，也是他的堂弟李世贤。两人筹谋解救天京的计策，决定让李世贤全力抗击长江南岸一方，由此牵制江南清军。而李秀成向江北进军，以此打通天京与北岸的交通联系。

3月初，李秀成选精兵5000名，一部分由芜湖渡江，一部分由东梁山渡过西梁山，都在含山集结。不料，部队刚集结完清军就攻陷了和州。李秀成领兵去救，先破昭关，顺流而下攻破清军 20 座营垒。30 日，李部克复和州，于是乘胜取全椒、滁州、来安，以分隔瓦解江北大营的军事形势。然而，敌人增兵到来，导致李部连战不利，只得退守来安。4 月 12 日，敌人又来进攻，李秀成撤出来安，带领部队退归全椒。

太平军占据的九江被清军攻陷。在此之前，太平军在武昌的战斗中损失了 1.7 万人。然而九江作为天京对上游清军攻势的第一道屏障，也告失守。清军随即向安徽进犯。这个时候，天京被围困的局势更加紧迫。李秀成要先打通天京与浦口的交通，以安抚天京城内的人心。他带兵由全椒下江苏吴江县大刘村，打算取道桥林，进军浦江、浦口。清军江北大营钦差大臣德兴阿从浦口调集马步军万余到达大刘迎战李秀成的部队。28 日，两军交兵。李秀成因寡不敌众而战败，部队死亡千余人，败军撤退驻屯到汤泉。天京始终是太平天国与清廷军事对峙的核心地带，而在外线作战的石达开所部也没有取得阶段性的胜利。出走天京的翼王部队于当年春天，放弃了经过百战而得以经营下来的江西，而从广丰进入浙江，从此向西开始了自取灭亡的长征。

李秀成带了几个精干随从回到全椒，在文各镇驻防守备。6 月中，李秀成到安庆东重镇枞阳召开军事会议。这时，陈玉成从湖北麻城、罗田败阵归来，也前来参加会议。与会各将领发誓同心同德，商议决定陈玉成的军队由潜山过舒城，攻击庐州郡，而后由界碑下滁州。另一方面，李秀成的军队从全椒到滁州。两路会合后进攻浦口清军江北大营，以救天京之围。与此同时，天王洪秀全设立五军主将，封李秀成为后军主将，晋爵合天义。

7 月初，太平军与清军在庐州开展争夺，互有攻守，城池易手多次。15 日，清军败走六安州。23 日，清廷因庐州被攻克，遂调遣镶黄旗蒙古都统胜保为钦差大臣，督办安徽军务。安徽巡抚翁同书帮办军务，太仆寺卿袁甲三督办 3 省进攻捻军事宜，并命正在向安徽进犯的江宁将军德兴阿、浙江布政使李续宾分兵争夺庐州。

8月，太平军攻破清军江北大营。17日，李秀成与陈玉成在乌衣会师，遭遇钦差大臣督办江北军务的德兴阿以及督办安徽军务的胜保。两位少年英雄与钦差大臣德兴阿领衔的军队展开大战并取得了最终的胜利，随即乘胜而追。第二天，太平军到江浦小店，击败江南大营救兵，顺势直下浦口。陈玉成攻击清军的前部，李秀成攻击清军的后部。在两军前后夹击下，清军大乱。战斗中，清军战死1万多人，江北大营被太平军攻破。经过此番战斗，天京与浦口的交通得以恢复，城内人心得以安定。

10月，李秀成奉诏与陈玉成去救三河，歼灭了曾国藩湘军中最凶狠的李续宾全军。结果，太平军在三河一役中打败清廷的军队，其统帅浙江布政使李续宾上吊而死。太平天国乘机收复桐城，围攻安庆的清朝随即选择撤退。安庆之围从而得以化解。太平天国经历了浦口、三河两次军事胜利，扭转了天京事变之后濒临危亡的局面，让后期的局势得到了暂时的稳定。然而好景不长，天朝后期的军事行动逐渐地演变成一次次的“救火”。1859年年初，太平军江浦守将薛之元叛变，江浦又一次陷落。李秀成的军队驻扎在黄山，听闻变故，赶忙回救。结果救之不及，李部只得入驻浦口，全力扼守天京北岸门户。

当时摆在太平天国面前的首要任务是解救天京的围困，要在军事上达到这一个目的就必须采取攻势。具体来说，要在西线击败湘军、保住安庆、控制安徽，在东线消灭江南大营和江北大营。在英王陈玉成和忠王李秀成的指挥下，当年夏季发动的浦口战役攻破江北一支最凶狠的清军——李续宾所部。由于取得了一系列带有决定性的胜利，太平天国在军事上才扭转了天京事变后濒临灭亡的形势，粉碎了敌人占领天京的企图，从而稳定了太平天国后半期的战局。

在太平天国的诸多将领中，陈玉成和李秀成两人的战功最高。天王鉴于东王、北王的往事，往往是不愿封异姓为王的。相比之下，洪秀全的族弟洪仁玕于这年 3 月来到天京。不到一个月的时间，洪弟被封为干王。天王怕陈玉成不服，又封陈玉成为英王，又在 8 月封李秀成为忠王。李秀成接到封王诏书后，悬置印信月余之久，不肯接受天王的任命。李上书说他无才无能，不接受此藩封。他表示，自己的一些功劳都出自捻军将领的努力，恳请天王先加封捻军诸将，而后才能接受天王对自己的封赏。

洪仁玕在《资政新篇》中提出一项政治纲领，叫作“禁朋党之弊”，即“朝廷封官设将，乃以护国卫民，锄奸保良者也。倘有结盟联党之事，是下有自固之术，私有倚恃之端，外为假公济私之举，内藏弱本强末之弊。为兵者行此而为将之军法难行；为臣者行此而为君之权谋下夺。良民虽欲深倚于君，无奈为所隔绝；是不可以不察也。”这个纲领旨在禁止官员将领结盟联党，假公济私。

太平天国后来将英王陈玉成、忠王李秀成、侍王李世贤、辅王杨辅清等部下大将都封为王，目的是分割他们的兵权，用的就是这种分以治之的政策。然而此举最后导致破坏团结，致使其内部越发离心离德。曾国藩机要秘书赵烈文在攻陷天京之后论太平天国失败时说，自洪仁玕到天京执政，政令为之一变，一切参用文法，许多宿将多有不服，从而导致太平天国士气日渐衰落。换句话说，太平天国后期由于天王洪秀全破坏军师负责制，导致朝政不纲，人心离散。洪秀全应该对此负有更大的责任。

事实上，太平天国在洪仁玕执政的艰难岁月里，军事上是曾经取得过巨大胜利的，就是打垮江南大营和克复江苏、浙江。太平天国以英王陈玉成统率北路军，从皖北进攻，还以李秀成统率南路军，从皖南进击。南北两路会师武昌，最后合取湖北。北路军于 1861 年 2 月攻克湖北黄州，使武昌空虚，听闻太平军到城中便发生混乱，几近唾手可得。那时，英国的海军提督何伯带舰队到汉口出来干涉。他派参赞巴夏礼去黄州见陈玉成，阻止其进攻武汉。陈玉成因为天京正与英国订立本年内不进攻上海的协定，而且天王再过 10 多天还要向中西民间颁布中西永尊合约章的诏书，所以陈不得已命令正在向武汉推进的北路军两个部队改向西北的麻城、德安一带进军。这样，太平军就丧失了夺取武汉的大好时机。这也是陈玉成在事后遭人诟病甚至斥责的主要原因之一。

太平军在 3 月将精兵调回下游去救安庆的南

路军。月底，太平军击溃江南大营，解围天京。4 月，太平军进入湖北，一路上攻克收复了大冶、鄂城、兴郭、铜山、兴博、咸宁、嘉鱼、浦济等州县，最后向武昌挺进。清廷守军被迫撤退对安庆的围攻。李秀成却从湖北退兵经江西去浙江，这已经是 5 月的事情了。由于李秀成存在着一种重视苏浙的战略思想，对争取武汉上游的战略重要性认识不足。由此，在面对进军中出现的一些问题时，忠王在军事上采取了从全局看来比较错误的决断，于 5 月底从湖北向江西撤退。至此，太平天国南北两路大军会师。虽然天京之围得以解除，但夺取湖北、力争上游的战略却失败了。

洪仁玕登朝庆贺，与陈玉成、李秀成、李世贤等开会商讨扩大军事进取的良策。陈玉成主张救安庆，李世贤主张取闽、浙。洪仁玕则以为:“为今之计，自天京而论，西距川、陕，西北距长城，南距云、贵、两粤，俱有五六千里之遥。惟东距苏、杭、上海不及千里之远，厚薄之势既殊，而乘胜下取，其功易成。一俟下路既得，即取百万买置火轮二十个，沿长江上取，另发兵一支，由南进江西，发兵一支由北进蕲州、黄州，合取湖北，则长江两岸俱为我有，则根本可久大矣。”李秀成赞洪仁玕的提议。随后，天王下旨依照此方案发兵图之。

太平军的南北两路大军按照既定计划征战。是年冬天，陈玉成统领北路军进军蕲州、黄州，李秀成统南路军进军江西，最终会师武昌，合取湖北。陈玉成的进军过程已经讲过，这里再讲李秀成一路。李秀成在浙江常山过了年。新年里，李部从常山出发向江西的玉山、广信进军。开春时节，部队在吉水渡过赣江，攻克吉安、瑞州、武宁、义宁州、靖安等地。

4 月，太平军挺进湖北，接连攻克通城、通山、兴郭、大冶、武昌等地。5 月，李秀成因连续得到侍王李世贤在乐平战败，英王陈玉成、璋王林绍璋在安庆集贤关战败，右军主将刘官芳在黔县失利的各种消息，他又遇到清廷湖北巡抚胡林翼派兵阻止他前进。加之安义、奉新、新昌一带的地主武装又抢夺他从瑞州上下解运的军饷，他在湖北召集起义军群众 30 万人之后，就向江西退兵。同时，李秀成分遣武义、武宁的兵力在瑞州集中，以接应退入浙江的李世贤部队。

关于这次大战役，后来洪仁玕自述说他在天京解围后，决定“发兵一支由江南进江西，发兵一支由北进蕲州、黄州，合取湖北”。后来英王陈玉成按指定计划进取蕲州、黄州，忠王李秀成由吉安府绕取兴国州等县。但是，忠王忌惮长江水势稍涨，即撤兵南下取浙江。英王因忠王撤兵，亦急于解救安徽，于是就在原定计划的大局中失势了。

洪仁玕把全部责任推诿在李秀成身上是与事实不符的。陈玉成停止进攻武昌，转而向麻城、德安进军，缘于受英国侵略者的阻止。当时正值 2 月，而陈回军解救安庆则在 3 月。那时，李秀成还在赣江作战。当李秀成进军湖北的时候，陈玉成已经在安庆外围接连吃到败仗。陈玉成退兵在先，李秀成退兵之时已经是 4 个月之后了。所以陈玉成北路军停止进攻武昌，完全与李秀成南路军的行动无关。但是，陈玉成却是有他应负的责任。到陈最后被俘虏的时候，曾国藩的机要幕僚赵烈文去看他，曾经提起此次战役。

赵烈文的日记记载了当时的情形。赵问："十一年（1861 年）秋天，你带兵到湖北南部，继续攻打武昌的话，安徽的困局则可以消解。所以想知道你为何最后选择不战而退？"陈玉成回答："是因为兵力不足所致。"赵烈文反问："你们的兵力到处都是，为何说是兵力不足呢？"陈回答："当时的情况是苏州、杭州不能两顾，就像飞鸟没有了翅膀，所以只能选择撤兵东归。"

根据这样的说法，如果当时在另一线李秀成能够继续向武昌挺进，只要武昌岌岌可危，围困安庆的清军就会选择撤退。但李秀成却在这一个决定双方胜负关键的时候，骤然退兵。虽然忠王的决定有他的客观因素，但他向来重视江苏、浙江的战略思想影响了他最后的决断。李秀成对长江上游的战略价值并未形成完全的认识，从而导致他在西进遇阻之后选择了更加稳重的路数，向东攻取浙江，最终放弃了之前攻取武昌来解救安庆的大战略。这的确是李秀成在作战方向选择上所犯下的重大错误。

此外，在战略上始料未及的是，安庆在 1861 年 7 月失陷。天京在上游的策略是太平天国保卫安庆，进而采取进攻武昌的战略。这一原本正确的军事方针已经达到了即将成功的地步，却因为执行得不坚决，未能得以实现。北路军先被阻击于前，南路军又退兵于后，遂使得清军拼命来争夺安庆一关。具体来讲，曾国藩于这年 3 月底把他的大本营迁移到东流，就近继续围攻安庆，并令在江西作战的军队于即日渡江增加攻城的兵力。

这样一来安庆被围的情势非常紧急。英王陈玉成从鄂北带兵回救危局。天王洪秀全也命干王洪仁玕、章王林绍璋带兵前来救援。反观清军则内攻安庆，外拒援兵，且最终在 7 月 26 日用地雷攻陷安庆。当时的太平军守将叶芸来、吴定彩率领将士两万人进行了巷战，全军壮烈牺牲。由此一役，天京上游的屏障尽失，敌人控制了整个长江交通，准备从安庆进攻天京。

此时，英国海军提督何伯、参赞巴夏礼向太平天国提出，愿帮助其打倒清廷并平分当时的中国。英方提出的谈判遭拒绝后，何伯立即命令泊驻在天京英海军舰长宾汉向太平天国提出 4 项无理要求。当日，太平天国答复照会英舰长，列举论据逐项予以驳回。太平天国决定驱逐外国侵略者并传檄文，而后水陆并进向上海松江开进。

1862 年的春天，清廷与英法在华军队联合抗击太平天国。太平天国与英国侵略者决裂后，在上海的外国侵略者和江苏、浙江的官僚组织了一个上海会防局。上海英国海军提督何伯与法国海军提督博罗德立即宣布布防，上海在此时派出自己的官僚代表到安庆去向曾国藩求援。由此，曾国藩定下三方进军的战略：以他们的门徒和幕僚李鸿章率领新建的淮军，乘英国商船从安庆冲过太平天国境赶运兵力到上海支援英法联军。等待把太平天国打退之后，清廷的军队就以上海作为基地，向江苏常州进军。另一方面，以曾国荃率领湘军从安庆沿江东下进犯天京，以左宗棠率领湘军从衢州向金华、杭州进攻。3 月 29 日，太平军占据的宁波被英法侵略军战舰攻陷。随后，安徽庐州等地也相继失守。

4 月，太平军在上海周围大败外国侵略军，攻克嘉定、青浦，包围松江。随后，太平军在奉贤县南桥镇与英法联军及华尔常胜军展开大战。法国海军提督布罗德在战斗中被打死。14 日，太平军攻克江苏嘉定。英国陆军提督史地福李率领英法侵略军，焚烧突围，败走上海。17日，太平军继续围攻松江，月底克复青浦，并俘获对方的常胜将军。

陈玉成与李秀成可谓太平天国后期在军事上的双保险，同为英雄少年，只因天京动荡而未能大展宏图。另一位与陈玉成有密切关系的人物是陈德才，广西藤县新旺村人，英王陈玉成的堂叔。某种程度上，陈德才是陈玉成加入太平天国革命的引路人。陈德才在太平天国前期的活动事迹在此不表，而其后期所进行的西征值得说道。

1857年，陈德才与张潮爵同守安庆，随后调去庐州，隶属于陈玉成的一部。1861年冬天，天国朝中论功封陈德才为扶王。这时安庆已经沦陷，陈玉成退守庐州，于是命陈德才领导启王梁成富、遵王赖文光、祜王兰成春远征西北，招兵买马。到年底，陈德才等西渡淮河，自安徽颍州府西进河南。

1862年3月，陈德才部从河南南阳进入陕西武关，传檄进攻西安省城。4月底，部队抵达蓝田，前锋直指西安，关陇地区因此受到极大震动。正值胜利进军之际，陈德才部忽然接陈玉成的命令，回救庐州。等部队到达湖北枣阳、随州一带的时候，陈玉成已牺牲。

回望西北的局势，陈德才军队虽退出陕西，而东自同州，西至华州、渭南，回民已到处起义来响应太平天国，陕西、甘肃回民起义从此拉开了序幕。这一年秋，陈德才奉命监督诸军远征西北，招兵买马，限期两年回解天京之围。10 月，陈德才率军从湖北房县一带进入陕西。年底，部队克复兴安府。

这时驻扎在洋县的蓝大顺率领的川、滇起义军听闻太平军进入陕西，派人前来欢迎。1863 年年初，陈德才带领军队离开兴安府，分兵从紫阳、汉阴、石泉，长驱直入汉中。2 月，部队直抵汉中府城下，与川、滇起义军联为一气。陈德才将汉中府和城固县都围困起来，清廷从四川派兵来救。8 月底，陈德才在汉中府油坊街大败救兵，清军溃退青石关。随后，陈部遂克汉中府，占领城固县。

陈德才既已攻克汉中府，分屯汉中郡城、洋

县、城固、西乡，增修城垣，整军经武。在军事之外，部队又辅助农民犁田种麦，增加生产，广储军粮。这年 11 月，苏州失陷，清军继而围攻天京，情势愈发紧急。天王诏陈德才班师回朝，急救天京。陈奉诏行事，虽当时已到岁暮，立刻动员。

年底，陈德才传令拔营，大军取道石泉、宁陕、镇安、商州东归。陈德才自率精兵先行，在路上骠骑疾驰，并举着高脚牌，上写“急救天京”四个大字，使行人让路。故前队已过商州，后队还在城固、西乡一带。这时候皖北、江南的社会生产都因战乱被破坏了，赤地千里，河南、湖北等地也在饥荒之中。

大军出陕西境后，就因粮食问题使行军速度停滞下来。1864 年春夏之交，陈部才到达湖北麻城，粮食获取更加困难了，根本没有地方购买。部队被迫不能前进。陈德才侦察得知里下河地区尚可称得上富饶，决定到秋收时期，大军东下，先取扬州，为就食聚粮，援救天京之计。但是，还等不到大军东取扬州，天京已经在 6 月失陷了。天京既已陷落，清军四面来攻。9 月，陈德才领导军队转战到安徽霍山，部将马融和等反叛，大军溃败，叛军企图抓住陈德才献给清军。陈德才对此愤慨地说：“我立尽了，不可落入妖人手中，我唯有一死以报国。”最后，陈德才服毒自尽。

再见英王

故事开篇讲过，陈玉成初名陈丕成，后来天王洪秀全为嘉奖他英勇，给他改名为陈玉成。根据历史记载，陈玉成其人仪表堂堂，容貌极其秀美，身材匀称。不仅如此，其中最具传奇色彩的描绘是，陈玉成两眼下有两个浅窝，远望如有重目。继续讲来，陈平时言谈极为风雅，行军打仗的时候却风驰电掣，胆识过人。可以想象到，每当他骑着一匹雪白的骏马出现在雄赳赳的浩荡大军中的时候，人们望见他雄姿英发的样子，都不禁以一种膜拜的心情称赞道：“始知英雄自有真也！”而在战场上拥有这种心境的人，也许没有敌我兵将之分。

在众多与英王有关的天朝人物中，天王洪秀全、东王杨秀清所代表的领导核心是不可不说的，尽管他们在陈玉成最闪光的那段履历中，也许扮演了并不和谐的角色。天京事变后，全朝廷同举石达开执政，要继续行使军师负责制。而天王洪秀全则让石达开被迫远走他乡，破坏太平天国原有的政治生态，并在群臣和将领之中埋下了矛盾和怨念。等到石达开被迫出走，翼王近乎将朝中最优秀的文武人才一并带去，造成太平天国内无贤臣主政、外无强将领兵极端空虚的局面。可以说，天朝由此走上了覆灭的边缘，而群臣更加激愤起来。

面对上述局面，天王洪秀全不得不向群众让步，革除掉两位同姓兄弟的官位，同时他又听从朝中意见，采取选贤任能的措施。由朝臣选出两个忠心耿耿、功勋卓著的年轻将领陈玉成和李秀成任命为大将，接着又选出一个骁勇刚强的将领李世贤为大将。天朝专任他们去抗击敌人，他还对这些将领施了许多恩惠。经过这些政治上的任命和操作，由忠勇的大将率领军民进行艰苦的战斗，度过了惊涛骇浪，取得了那年秋天在浦口打垮清廷江北大营的重大胜利。太平军在安庆、庐州三河镇歼灭湘军李续宾全军，继而再次取得了战略上具有决定性的胜利，粉碎了清廷攻取天京的企图，稳定了太平天国后半期的战局。

回顾天京事变及其后的经过，天王洪秀全猜忌功臣的性格特征可见其中。他用一种分而治之的帝王之术，把英王陈玉成、忠王李秀成、侍王李世贤、辅王杨辅清这几个统率部下的大将都进行了封赏，并赋予他们一定的权力。结果上看，他们的权力固然是被分散了，但此后那些得封了王位的将领，从此可以不再受原本的军事统帅的管辖。进一步讲，他们犯法作恶可以不再惧怕任何的制裁，作战调遣可以不听命令。于是在天王洪秀全与统帅之间，以及统帅与部将之间造成的这种新局面，使他们在其后的政治和军事事务中被各种矛盾缠身。

东王杨秀清在选贤任能上则是有才而用之，不准徇情滥保。他指示在田家镇行营总兵的燕王秦日纲说，反对保举官员，必须查其平素历练，是否老成精明灵便。然后该员前来亲自勘验，观其言行、举动，进退取舍。如果此人真的堪为大用，再行保举之法，秉奏回朝。在此之外，天国朝廷上下不能殉情滥保。这样慎重保举，自然能够引进才能，为国任贤。同时，这样做会收到政治清明、人心团结的效果。这样的设想与太平天国后期徇私滥保、封官鬻爵，从而导致谄佞张扬、明贤掩蔽、豪杰不登的情况，恰恰形成了十分显著的对比。

对于陈玉成的成长，杨秀清的赏罚分明是值得言说的。东王的这种做法这就使得有功之人知道奋进，有罪之人知道羞愧，激发了太平天国朝中各级官员和兵将的上进心和责任心，并加强了他们对纪律的严肃感。初出茅庐的青年将领陈玉成攻下武昌之后，杨秀清立刻把他提升为殿右三十检点。陈玉成本人却对当时的统帅燕王秦日纲秉申，说他恢复武昌的军事优势，只是一点微薄的功劳，如此就得到了这般奖赏，自己深知感恩图报，定当在战斗中奋不顾身。

杨秀清管理和激励太平天国上下的这种做法在敌人那里也有评述。清廷论及太平天国取得辉煌胜利的原因时说，东王的方法非常严格，凡有军事失利或由违令者，重则立斩，轻要降责，不敢殉情，绝无姑息；有功者亦破格升迁，赏不余时，而桀骜不驯之徒也能向大多数人一样，甘心服役直至身临世事而不传，不论境遇高低而终无悔意。太平天国上下的这种昂扬斗志，首先是从纪律执行中取得的。从太平天国全部历史来看，前期的高歌猛进是跟东王杨秀清的赏罚分明分不开的。不得不再次评说，上述情况和太平天国后期形成了鲜明的对比。

另一面，太平天国的领导政策对军事将领的战绩和整个局势有着直接的影响。1860 年秋，李秀成出师攻打武昌以援救安庆时，他在天京召开会议，指示广积粮，已备敌人来围困天京。此番计划全朝文武都认为是正确的。可是洪秀全竟然斥责他说："你怕死，朕天生真命主，不用兵而定天下太平一统！"洪仁发、洪仁达又发命令："要买粮非得我洪票不可！"要票须银买，买粮回来又要重税，是以都不肯买粮，天京最终断粮了。

没有粮食的地方不可能长守，救兵也不可能到来。以天京之大，竟只能留 5000 名能征善战的将士留守，苏、浙大军不但不能来救，除留守交通要道湖州、广德外，全部都开去江西救粮食。这就因为天京没有广积粮，苏浙也没有广积粮，故不得不如此布置。那么陈德才大军风驰电掣般回救，但其不可能回到天京，更何待说。太平天国，因为没有广积粮以为战备，从而使精兵猛战于无用，最终导致天京失陷，以致败亡。李秀成在自述里痛心泣血地说：“天王失国丧邦，实其自惹而亡。”

回到军事领导本身来看，陈玉成在治军方面，没有一天不操练，没有一兵一卒不精壮的。如此才保证了每当决战，他的军队无坚不摧。用兵上，每当遇到强大的敌人，陈玉成则选择攻其所必救，以瓦解对方的兵力，疲劳其战斗力，而后突然集合优势兵力予以歼灭。所以，陈部能在战场上摧城拔寨，势如破竹。两军对垒之时，他最善于反客为主，争取战争的主动权。而结果是，敌人往往匆忙应战而导致失败。

曾国藩、胡林翼很怕他这种战术，并称之为“回马枪”。当陈玉成在太平天国的朝中官职检点时，湖北的清廷官兵中就已经传遍了“三十检点回马枪”的威名。另外，陈尤其善于应用修筑堡垒来包围敌人后路和饷路的战术。凭借行动迅如闪电的作风，陈部一夜间就能修筑成十几座营垒，敌人每当被他的营垒包围起来，几乎就无法逃过全军覆没的命运。所以，敌军听到他这种战术，没有不胆战心惊的。陈玉成的英勇善战，威名震慑天地间，就是敌人也不得不低头承认。

就算是还有与其匹敌者，他又多谋善计，也是令人不可揣测的。庐州被围困时，他曾从东乡调了两班徽剧进城唱对台戏。结果敌将多隆阿得知后竟退地扎营。

话说回来，可惜英雄无双。熟读历代兵史，乃因有违古人“临事而惧，好谋而成”“轻则寡谋”的教训，导致一位将星的陨落而成千古恨。陈玉成如此英雄少年，却因这样的行事风格而过早离世，这是令彼时众人极其痛心的，也使他得以青史留名。

图书在版编目（CIP）数据

陈玉成 / 张海鹏主编；高明编著. -- 北京：学习出版社，2022.11

（中华先烈人物故事汇）

ISBN 978-7-5147-1113-4

Ⅰ.①陈… Ⅱ.①军… Ⅲ.①陈玉成（1837-1862）—传记 Ⅳ.①K825.2

中国版本图书馆CIP数据核字（2021）第266810号

陈玉成

CHEN YUCHENG

主编/张海鹏　副主编/赵兴胜　编著/高明

责任编辑：李　岩　寿英孜　封面绘画：谢　淼
技术编辑：贾　茹　内文插图：刘胜军
美术编辑：杨　洪

出版发行：学习出版社
北京市东城区崇外大街11号新成文化大厦B座11层（100062）
010-66063020　010-66061634　010-66061646
网　址：http://www.xuexiph.cn
经　销：新华书店
印　刷：北京市密东印刷有限公司

开　本：787毫米×1092毫米　1/32
印　张：4
字　数：57千字
版次印次：2022年11月第1版　2022年11月第1次印刷

书　号：ISBN 978-7-5147-1113-4
定　价：16.00元